POLLINO UND POLLINA ENTDECKEN DIE WELT

Reinhard Keller · Bernd O. Schmidt

Spaß mit Kunst und Kultur in der

TOSKANA

Ein Reiseführer für Kinder
und die ganze Familie

edition KAPPA

edition KAPPA, Verlag für Kultur und Kommunikation, München
3. Auflage 2016

Neuüberarbeitung 2016
Redaktion: Nina Peter
Layout: Birgit Hackmann

www.edition-kappa.com

Illustrationen: Stephan Hörmann

Fotos: Simona Sansonetti, Rom; Bernd O. Schmidt, München

ISBN 978-3-937600-98-7

Mit Pollino und Pollina unterwegs in der Toskana

Endlich den Dom von Florenz sehen! Endlich dem »David« von Michelangelo gegenüberstehen!, dachte sich Pollina, nachdem feststand, dass die kommende Urlaubsreise in die Toskana führen würde. Und ihr Bruder Pollino? Der konnte es kaum erwarten, auf die Kuppel des Domes von Florenz hinaufzusteigen. Ihn interessierte brennend, wie dieses Meisterwerk aus dem Jahre 1436 genau konstruiert war. Und ihr, liebe Leser, was verbindet ihr mit der italienischen Region Toskana? Dort erwarten euch großartige Städte der Künste, wie Florenz, Siena und Pisa, mit prächtigen Bauwerken und unzähligen Kunstschätzen; ihr könnt berühmte mittelalterliche Städtchen mit ihren engen Gassen besuchen, wie San Gimignano oder Volterra, die inmitten einer herrlichen Hügellandschaft liegen; oder ihr fahrt an die Küste, wo ihr noch immer unberührte Sandstrände oder Felsküste mit schönen Sandbuchten findet, die zum Baden und Schnorcheln einladen. Bekannt ist das toskanische Essen, zubereitet mit bestem Olivenöl und hergestellt aus reinen Naturprodukten. Davon und von vielem anderen mehr erzählt dieser Reiseführer.

Pollino und Pollina begleiten euch in diesem Reisefüher. Gemeinsam mit dem unternehmungslustigen Geschwisterpaar lernt ihr auf zwei ausführlichen Rundgängen die Kulturmetropole Florenz kennen. Der dritte Rundgang führt euch zusammen mit Pollino und Pollina nach Siena, die mittelalterliche Stadt im Herzen der Toskana. Dort macht ihr Bekanntschaft mit den Kunstschätzen der Stadt und ihren eigenwilligen Bewohnern. Wer Pollino und Pollina kennt, weiß, dass die beiden stets Aufregendes erleben: Sie treffen geheimnisvolle und interessante einheimische Kinder und Erwachsene, die ihnen über das Leben von heute und einst berichten.

Damit ihr auch immer den richtigen Weg findet, gibt es zu jedem Rundgang Stadtpläne. Darin sind die jeweils beschriebenen Sehenswürdigkeiten eingezeichnet. Die Karten zeigen euch, wo ihr unterwegs essen, trinken oder mal ein Eis schlecken könnt. Ebenso findet ihr in diesem Reiseführer Tipps für Ausflüge in die schöne Hügellandschaft der Toskana und an ihre Küste.

Wir wünschen euch viel Spaß und tolle Erlebnisse in der Toskana!

Reinhard und Bernd

Inhalt

In den Hügeln der Toskana, südlich von Siena

Wege in die Toskana ... Die Anreise

Mit der Eisenbahn: Von Deutschland, Österreich und der Schweiz fahren täglich mehrere Züge nach Florenz. Gut geeignet für die lange Bahnfahrt sind Nachtzüge mit Schlaf- und Liegewagen. Über Bahnverbindungen und Fahrpreise informiert die Bahn (in Deutschland gibt es Auskünfte unter Tel. 0180-6996633 oder im Internet: www.bahn.de). Der Hauptbahnhof von Florenz heißt »Stazione Santa Maria Novella« und liegt nahe der Altstadt. Im Bahnhof befindet sich ein Informations-Pavillon des Fremdenverkehrsamtes (Piazza Stazione 4; Tel. +39-055-212245; www.firenze-online.com).
Vom Florentiner Hauptbahnhof gibt es gute Bahnverbindungen zu allen größeren Orten in der Toskana. Nicht weit von der »Stazione« ist der Busbahnhof (Via Santa Caterina da Siena 17; www.sitabus.it). Von dort fahren mehrmals täglich Busse der Linie »SITA« (in blauer Farbe!) nach Siena, San Gimignano und Volterra. Auch kleinere Städte und Dörfer könnt ihr mit diesen Linienbussen erreichen. Die Fahrkarten sind im Busbahnhof zu lösen.

Mit dem Auto: Wer mit dem Auto aus unseren Gegenden in die Toskana reist, muss zunächst einen der Alpenpässe überqueren. Die Schweizer benutzen überwiegend den Sankt-Gotthard- oder San Bernardino-Tunnel; aus Deutschland oder Österreich kommende Autofahrer wählen zumeist die Strecke über Innsbruck und den Brennerpass. Ein verzweigtes Autobahnnetz erwartet euch in Italien und bindet Florenz und die größeren Städte der Toskana ein. In vielen Städten und Städtchen der Toskana ist die Innenstadt für den Autoverkehr gesperrt. Deshalb parkt man am besten auf den ausgeschilderten Parkplätzen außerhalb der Zentren.
In Florenz gibt es große, bewachte Parkplätze in der Nähe des Hauptbahnhofs, bei der »Porta Romana« und auf der »Piazza della Libertà«.

Mit dem Flugzeug: Von allen größeren Städten in Deutschland, Österreich und der Schweiz gibt es Direktflüge nach Florenz und Pisa. Der Florentiner Flughafen »Amerigo Vespucci« (benannt nach dem in Florenz geborenen Seefahrer und

Entdecker) liegt etwa 4 Kilometer außerhalb der Altstadt. Ein Linienbus bringt euch bequem in etwa 25 Minuten vom Flughafen in die Innenstadt zum Hauptbahnhof Santa Maria Novella. Er heißt Volainbus und seine Haltestelle befindet sich außerhalb des Flughafens neben dem Taxistand. Genaue Informationen findet ihr unter www.ataf.net.

Wie kommt ihr wohin?

Die Rundgänge in Florenz und Siena sind in der jeweiligen Innenstadt zurückzulegen. Die Wegstrecke eines Rundganges könnt ihr bequem zu Fuß an einem Tag bewältigen. Lasst euch dabei Zeit - und versäumt nicht, gemütliche Zwischenstopps einzulegen: Bars, Eisdielen und Trattorien laden euch mit ihren leckeren Angeboten dazu ein.

Wenn ihr öffentliche Verkehrsmittel benutzt: Die orangefarbenen städtischen Busse von Florenz bringen euch in alle Stadtviertel, aber auch zu Reisezielen in der näheren Umgebung. Tipps und Hinweise, welche Busse wohin fahren, findet ihr unter www.ataf.net. oder in den Büros des Fremdenverkehrsamtes. Die Fahrkarten erlauben eine Reisezeit von 70 Minuten. Sie sind in vielen Bars, »Tabacchi«-Läden und an Zeitungskiosken erhältlich (einfach nach dem »ATAF«-Zeichen Ausschau halten!). Wer's ganz eilig hat, kann natürlich auch mit dem Taxi fahren (Tel. +39-055-4390 oder +39-055-4798). Taxi fahren ist in Florenz nicht gerade preiswert. Deshalb gleich beim Einsteigen den ungefähren Fahrpreis erfragen!

Bevor es losgeht ... eure Ausrüstung

In großen Teilen der Toskana herrschen – mit Ausnahme der heißen Sommermonate – überwiegend gemäßigte Temperaturen. Auch im Winter ist es in Florenz meist mild, während es im toskanischen Hügelland immer etwas kühler ist. Für euren Aufenthalt genügen aber Pullover und Regencape, die ihr bei kühlerem oder regnerischem Wetter überziehen könnt. Unbedingt zu empfehlen sind feste und bequeme Schuhe, am besten Turn- oder Trekkingschuhe.

Als Ausrüstung für unterwegs gehört Folgendes in euren Rucksack: Zum Schutz vor Sonne und Regen: Sonnenbrille, Kappe und natürlich Sonnencreme! Auch ein kleiner Schirm könnte durchaus nützlich sein. Nicht zu vergessen: Reiseproviant, also belegte Semmeln, Obst, ein Müslieriegel und eine Flasche Mineralwasser. Und damit euch das, was ihr seht, in Erinnerung bleibt: Notizblock, Stift und Fotoapparat. Mit einem Fernglas könnt ihr zahlreiche Kunstwerke, vor allem in Kirchen, näher betrachten. Und – das Wichtigste zum Schluss: Der Reiseführer!

... die Planung:
Wenn ihr berühmte Bauwerke und Museen besuchen wollt, müsst ihr fast immer mit längeren Wartezeiten rechnen. Es ist deshalb von Vorteil, möglichst zeitig am Morgen dort zu erscheinen. Die Menschenschlange, die auf Einlass wartet, ist dann wesentlich kürzer. Das gilt besonders für den Dom. Die Eintrittskarten für die Uffizien reserviert ihr am Besten schon von zuhause aus unter www.uffizi.org.

Was heißt ...?
In den Städten und Dörfern der Toskana begegnen euch bestimmte Straßenbezeichnungen immer wieder. Einige wichtige sind hier mit deutscher Übersetzung aufgelistet:

STRADA: gepflasterte Straße; im Mittelalter der wichtigste Verbindungsweg durch den Ort.

VIA: Querstraße, die zwei »strade« miteinander verbindet; im Mittelalter nicht gepflastert.

CHIASSO oder VICOLO: enge Gasse, die dicht beieinander liegende, parallele »strade« verbindet.

BOCCA: enge Gasse.

COSTA oder PIAGGIA: enge Gasse, mit starkem Gefälle.

Die Region Toskana

Die Toskana ist eine Region in Mittelitalien. Mit knapp 23.000 qkm Fläche ist sie in etwa halb so groß wie das Bundesland Niedersachsen. Die Toskana hat rund 3,6 Millionen Einwohner, die meisten davon leben in Florenz, der Hauptstadt dieser Region. Der Name »Toskana«, italienisch mit »c«, Toscana, geschrieben, leitet sich ab von der mittelalterlichen Bezeichnung »Tuscia«. Das Gebiet der Toskana war vor fast 3000 Jahren das Stammland der Etrusker, eines Volkes mit hoch entwickelter Kultur (die Etrusker werden euch zu Beginn des Kapitels »Geschichte« näher vorgestellt!). Die Römer nannten die Etrusker »Etrusci« und ihr Land »Truscia«, woraus dann später die Bezeichnung »Tuscia« wurde.

Die Toskana ist heute aufgeteilt in zehn Provinzen: Pisa, Lucca, Massa-Carrara, Pistoia, Prato, Florenz, Arezzo, Siena, Livorno und Grosseto. Die Provinzen unterscheiden sich in landschaftlicher und kultureller Hinsicht teilweise sehr stark voneinander. Die Toskana hat viele Gesichter.

Die Landschaften der Toskana

Um von eurer Heimat in die Toskana zu gelangen, müsst ihr zunächst den Apennin überqueren. Diese Gebirgskette durchzieht Italien von Ligurien im Nordwesten bis Kalabrien im Süden. Der höchste Gipfel dieses Gebirges in der Toskana befindet sich 2017 Meter über dem Meeresspiegel.

Die Landschaft des toskanischen Apennin mit seinen engen Tälern und ausgedehnten Wäldern ist weitestgehend unerschlossen. Hier leben nur sehr wenige Menschen - die Natur ist in ihrem rauhen, ursprünglichen Zustand belassen. Je weiter man in der Toskana nach Süden vorankommt, zeigt sich ihre Landschaft sanfter: Aus den Bergen werden Hügel, und die ausgedehnten Wälder verschwinden allmählich. Entlang des Flusses Arno, von Florenz bis Pisa, befindet ihr euch in einer weiten, fruchtbaren Ebene.

Der Arno

Der Arno ist mit seinen 250 Kilometern der viertlängste Fluss Italiens. Er entspringt in knapp 1300 Metern Höhe im Apennin, bahnt sich seinen Weg durch enge Bergtäler, durchfließt Florenz und Pisa Richtung Westen und mündet schließlich in das Ligurische Meer. Früher war der Arno ein wichtiger Verkehrs- und Handelsweg, auf dem Holz und anderes Baumaterial transportiert werden konnten. Am Fluss standen Mühlen und Fabriken zur Tuchherstellung: Das Wasser war unabkömmlich, um Stoffe zu waschen, zu walken und färben. Sehr beliebt war der Arno früher auch als Badefluss: Zu Beginn des 20. Jahrhunderts gab es allein in Florenz fünf große Badeanstalten. Das Baden im Arno ist heute - leider - nicht mehr möglich, ja sogar sehr gefährlich. Der Fluss ist mittlerweile fast überall stark verschmutzt und hat an vielen Stellen unberechenbare Wasserstrudel. Also lasst das Schwimmen darin unbedingt sein! Schließt euch lieber den Ruderern und Kanufahrern an, die den Arno gerne befahren.

Entlang der Meeresküste

Neben dem Apennin im Norden bildet das Mittelmeer im Westen die zweite natürliche Grenze der Toskana. Entlang der Küste zeichnet sich die Landschaft durch weite Ebenen mit Pinien- und Kieferwäldern aus. An vielen Stellen gibt es herrliche Sandstrände, die zum Baden einladen. Vor allem die Gegend zwischen Piombino und dem Monte Argentario wartet mit vielen wunderschönen Badestränden auf. Nicht weit vor der Küste liegen die Inseln der Toskana: Elba, Giglio, Capraia, Montecristo. Mit Ausnahme von Elba sind das kleine Inseln. Wegen ihrer unberührten Natur, dem sau-

In der Maremma, der Küste im Südwesten der Toskana. Im Hintergrund sieht man die Halbinsel Monte Argentario.

beren und klaren Wasser sowie der herrlichen Lage im Mittelmeer sind die Inseln allesamt sehr beliebte Reiseziele.

Im Herzen der Toskana

Der Chianti - das ist nicht nur der Name des wohl berühmtesten italienischen Rotweins, sondern auch die Bezeichnung eines Landstrichs südlich von Florenz. Fast immer, wenn jemand die Landschaft der Toskana beschreiben soll, denkt er an die Landschaft des Chianti: sanfte Hügel, überzogen mit einem Muster aus Zypressen, Olivenbäumen und vor allem Weinstöcken; auf den Anhöhen mittelalterliche Dörfer, prachtvolle Villen oder große Gutshäuser. Das ist das Bild, wie man sich die Toskana gerne vorstellt - ein so genanntes Klischee, ein oft wiederholtes Bild: Doch diese wunderschöne Vorstellung von der Toskana entspricht auch der Wirklichkeit.

Der Chianti ist eine der faszinierendsten Gegenden der Toskana - insbesondere früh am Morgen, wenn ein leichter Dunstschleier die Gegend in ein unvergleichliches Licht taucht. Dann ist die Landschaft mit einem silbrigen Glanz überzogen - die Weinberge, Täler und Gebäude verlieren ihre Konturen und fließen ineinander. Für diesen Anblick lohnt sich das frühe Aufstehen - garantiert!

Die »Crete« im Süden Sienas. Die Bodenbeschaffenheit gab dieser Landschaft den Namen.

Weiter im Süden, vor allem südlich von Siena, wird die Landschaft kahler - und wilder: Die Hügel sind zerklüftet und von lang gestreckten, tiefen Furchen durchzogen. Der brüchige Boden besteht aus Kalk- und Tuffstein - und aus Lehm, deshalb trägt diese Gegend auch den Namen »Crete« (das italienische Wort für Lehm bzw. Tonerde). Das gelb-graue Gestein der »Crete« trocknet sehr schnell und bröckelt. Die bis zu 100 Meter tiefen »Täler« der Crete sind durch Erdrutsche entstanden!

Der Chianti: So stellt man sich die Toskana vor.

Das Klima – Wind und Wetter

So unterschiedlich wie die Landschaft, so unterschiedlich ist auch das Klima in der Toskana. In den Bergregionen ist viel Niederschlag zu verzeichnen, im Winter liegt dort auch Schnee. Dagegen schneit es in Florenz oder Siena nur an zwei bis drei Tagen im Winter. An der Küste und auf den Inseln herrscht auch in der »kalten« Jahreszeit ein sehr mildes Klima.

Das liegt vor allem an der Nähe des Meeres: Das Meer kühlt langsamer ab als die Erde und hält über einen längeren Zeitraum die gespeicherte Wärme. Das sorgt für angenehme Temperaturen auf den Inseln und an der Küste, manchmal über den ganzen Winter.
Im Landesinnern und auch in der Küstenregion der Maremma kann es im Sommer sehr heiß werden – bis zu 42 Grad! Ohne erfrischenden Wind ist das nicht auszuhalten. Dann gilt nur eines: Ab in den Schatten!

In der Toskana gibt es drei Winde, die das Wetter und die Temperaturen beeinflussen: Den Libeccio, den Scirocco und die Tramontana. Der Libeccio ist ein sehr starker Wind, der aus Südwesten auf die Küste trifft. Bei Libeccio kann das Meer für Fischer und Segler sowie für den Fährverkehr gefährlich werden – so hoch treibt dieser Wind zuweilen die Wellen. Der Scirocco bringt neben milden Temperaturen vor allem Regen (ab und zu auch feinkörnigen Sand, wenn er aus Afrika den europäischen Kontinent erreicht!). Er bläst aus südöstlicher Richtung. Im Sommer kann es dann unerträglich heiß und feucht werden. Das genaue Gegenteil bewirkt der Tramontana-Wind: Die Tramontana sorgt für kalte und trockene Luft. Sie weht aus Norden über die Apennin-Gebirgskette. Meist ist es ein sehr scharfer, starker Wind, der aber einen großen Vorteil hat: Er bringt fast immer schönes Wetter!

Die Flora – Bäume und Pflanzen

Fast 40% der Toskana sind mit Wäldern überzogen. Diese Wälder bestehen aus verschiedenen Eichenarten, Kastanienbäumen und niedrigem Gestrüpp. Die stacheligen Sträucher können bei Spaziergängen mit unpassendem Schuhwerk sehr unangenehm in Erscheinung treten – aber ihnen entströmen im Frühling die herrlichsten Düfte. Kein Wunder, wachsen darin doch Rosmarin, Ginster, Hagedorn, Brombeeren und viele andere duftende Pflanzen.

Die Zypresse ist gewissermaßen das Wahrzeichen der Toskana. Die sich in den Himmel reckende, schlanke Zypresse wächst auf allen Böden und wird oft zur Zierde oder als Windschutz angepflanzt. Der Name Zypresse, auf Italienisch »cipresso«, ist eine Ableitung des griechischen Wortes »Kuparissos«. In der griechischen Sagenwelt war

Zypressen im Abendlicht – die Landschaft der Toskana ist vielfältig.

Kuparissos ein junger Mann, den der Gott Apollo in eine – na, ratet mal!, natürlich – Zypresse verwandelt hat. Die Meeresküste ist das Reich der Pinie. Dieser Baum ist besonders in den heißen Sommermonaten sehr beliebt: Mit ihrer schirmförmigen und ausladenden Krone sorgt die Pinie für großflächigen, angenehmen Schatten. Die Pinie wurde bereits im Altertum angepflanzt. Ihre Samen, die essbaren, ölhaltigen Pinienkerne, sind wichtiger Bestandteil der toskanischen Küche.

Verbreitet und bedeutend sowohl für die toskanische Küche als auch die toskanische Wirtschaft ist der Olivenbaum mit seinen Früchten, den Oliven. Die toskanischen Oliven sind berühmt für ihre ausgezeichnete Qualität. Olivenbäume wachsen in Gebieten von bis zu 700 Höhenmetern. An ihren charakteristischen Baumkronen und knorpeligen Stämmen könnt ihr sie schon von weitem erkennen. Die reifen Oliven in der Toskana werden noch immer nach Jahrhunderte alter Methode geerntet: Man klopft die Äste mit Stangen und fängt die herabfallenden Oliven in engmaschigen Netzen auf oder man pflückt sie mit der Hand vom Baum. Mehr über die Gewinnung von Olivenöl erfahrt ihr im Kapitel »Die Toskana zu Tisch – Spezialitäten der Region«.

Das Tierreich

In den Wäldern der Toskana tummeln sich Füchse, Wildkaninchen, Stachelschweine, Marder und vor allem Wildschweine. Letztere sind insbesondere in der Maremma heimisch. Ein Wildschwein (auf Italienisch »cinghiale«) kann bis zu 1,5 Meter lang und bis zu 300 Kilogramm schwer werden. Wenn ihr auf euren Erkundungen einem Wildschwein begegnet, ist Vorsicht angeraten: Zwar sind Wildschweine im Allgemeinen menschenscheu, aber wenn sie sich oder ihre Angehörigen in Gefahr wähnen, setzen sie sich zur Wehr und greifen Menschen auch durchaus an.

Leben in der Toskana

In der Toskana gibt es mit Florenz nur eine Großstadt. Städte wie Siena, Pisa oder Livorno, haben zwischen 50.000 und 160.000 Einwohner. Die meisten Ortschaften in der Toskana sind kleinere Städte und Dörfer. Große Industrieanlagen finden sich eher selten in der Region, gearbeitet wird überwiegend in mittleren und kleineren Betrieben. Viele Orte haben oft Jahrhunderte alte Traditionen in der Herstellung von Produkten: So wird der Marmorstein in Carrara abgebaut, Goldschmuck in Florenz und Arezzo hergestellt; in Prato werden Stoffe verarbeitet und in Volterra gibt es eine Vielzahl von Alabaster-Werkstätten.

Einzigartig ist eine Rindersorte, die es nur in der Toskana gibt. Die Rasse des »chianina«-Rindes zeichnet sich durch ihre weiße Farbe und durch ihr gut schmeckendes, zartes Fleisch aus. Eine »Bistecca alla fiorentina«, ein original Florentiner Rindersteak, das bis zu einem halben Kilo wiegt, besteht aus dem Fleisch des »Chianina«-Rindes!

Aus einer Alabaster-Werkstatt von Volterra

Eine bedeutende Rolle in der Toskana kommt der Landwirtschaft zu. In der Region gibt es viel fruchtbares Ackerland, auf dem Getreide, Mais, Zuckerrüben, Bohnen und Obstbäume angepflanzt werden. Der Wein und die Oliven aus der Toskana sind weltweit geschätzt und begehrt. Wo der Boden nicht für den Anbau geeignet ist, wird Viehzucht betrieben: Hier weiden Rinder und Ochsen, in der Maremma auch Büffel (mit deren Milch wird der beste Mozzarella-Käse, die »mozzarella di bufala«, hergestellt). Die Gegend um Siena bevölkern große Schafherden. Aus ihrer Milch wird der leckere »Pecorino«, der Schafskäse, gemacht (über diesen erfahrt ihr Genaueres im Kapitel: »Pecorino - der Schafskäse aus den Crete«).

Der Tourismus

Sowohl in den Städten als auch auf dem Land ist der Tourismus in der Toskana zu einer äußerst wichtigen Einnahmequelle geworden. Die Toskana zieht Touristen aus aller Welt an. Nicht nur in den bekannten Kulturmetropolen wie Florenz oder Siena trefft ihr auf herrliche Bauten mit unzähligen Meisterwerken der Kunst, auch kleinere Ortschaften wie zum Beispiel San Gimignano oder Volterra sind reich an Kunstschätzen. Nahezu jeder Ort in der Toskana lohnt einen Besuch: Das Bild der Dörfer und Städte, wie man sie heute vorfindet, entstand im Mittelalter, und es wurde bis heute größtenteils bewahrt. Die mittelalterlichen Zentren mit ihren engen Straßen und Gassen werden nach wie vor von Einheimischen bewohnt. Viele Orte liegen in einer wunderschönen Hügellandschaft. An der Meeresküste findet man weite Sandstrände oder Felsküste, die von Badebuchten mit feinen Sandstränden durchzogen ist; und die Inseln der Toskana sind wegen ihres klaren Wassers bei Tauchern sehr beliebt. In der Maremma werden Reiturlaube angeboten; und in der Gegend um Siena gibt es viele Gehöfte, auf denen man »Urlaub auf dem Bauernhof« verbringen kann ... Die Toskana hält für Urlauber ein reichhaltiges Angebot bereit!

Urlaub auf dem Monte Argentario. Hier hat auch die holländische Königsfamilie ihr Feriendomizil.

Die Geschichte der Toskana im Überblick

8.–4. Jahrh. v. Chr.	**Das Volk der Etrusker siedelt sich im Gebiet der heutigen Toskana an.** Die Etrusker leben zunächst an der Küste und ziehen dann ins Landesinnere. Ihr Land heißt Etrurien. Dort gründen sie 12 größere Städte, in der Toskana unter anderem Arezzo, Cortona, Chiusi, Fiesole und Volterra.
4.–1. Jahrh. v. Chr.	**Die Römer beginnen, Etrurien zu erobern.** Sie nehmen eine etruskische Stadt nach der anderen ein und errichten in Etrurien eigene Städte, wie z. B. Lucca. Etrurien wird zur römischen Provinz.
59 v. Chr.	Unter **Julius Cäsar** wird von ehemaligen römischen Soldaten die Siedlung Florentia, das spätere Florenz, gegründet. Florentia liegt verkehrsgünstig am Fluss Arno und entwickelt sich zu einer Kolonialstadt mit römischem Militärlager.
6.–8. Jahrh.	**Die Langobarden erobern das Gebiet der Toskana** und ernennen es zum Herzogtum »Tuscia« mit Lucca als seiner Hauptstadt. Im 8. Jahrhundert zerschlägt der Frankenkönig Karl der Große das Königreich der Langobarden. Die Toskana wird zur fränkischen Markgrafschaft.
11.–12. Jahrh.	**Die Städte der Toskana gewinnen an Macht und Unabhängigkeit.** Die reichen Bürgerfamilien wählen ihre eigene Stadtregierung. Sie bestimmen Adelige und wohlhabende Kaufleute zu Stadträten.
13. Jahrh.	**Die Toskana spaltet sich in zwei Parteien: die Guelfen und die Ghibellinen.** Die Guelfen sind dem Papst treu, während die Ghibellinen den Kaiser unterstützen. Der Streit zwischen den Anhängern dieser Parteien führt zu Kriegen zwischen Städten, Dörfern und sogar Familien. Siena (Guelfen) besiegt Florenz (Ghibellinen) in einer der blutigsten Schlachten des italienischen Mittelalters (1260).

8.–4. Jahrh. v. Chr.

ab 4. Jahrh. v. Chr.

11.–12. Jahrh.

13. Jahrh.

15. – 16. Jahrh.	**Die Herrschaft der Medici-Familie in Florenz beginnt.** Die Medici sind eine sehr reiche Familie von Bankiers und Kaufleuten. Sie wird auf lange Zeit die Politik der Florentiner Stadtregierung bestimmen. Florenz ist eine der reichsten Städte in Europa mit 70.000 Einwohnern. Vom Papst erhält der Medici Cosimo I. den Titel eines Großherzogs: Die Toskana wird zum Großherzogtum erhoben (1569).
1737	**Der letzte Medici-Herrscher Gian Gastone stirbt.** Das Großherzogtum Toskana wird vom Hause Habsburg-Lothringen übernommen. Großherzog Peter Leopold führt im ganzen Gebiet der Toskana soziale und wirtschaftliche Reformen durch: Er schafft die Folter und die Todesstrafe ab und kümmert sich um den Bau von Krankenhäusern und Schulen.
1799 – 1814/15	**Die Truppen Napoleons erobern die Toskana.** Großherzog Ferdinand III. flieht nach Wien. Im Anschluss an Napoleons Niederlage bei Waterloo wird die Toskana wieder dem Haus Habsburg (Österreich) zugeteilt.
1860	**Die Toskana wird Mitglied des neu gegründeten Königreiches Italien.** Florenz ist vorübergehend (1865 – 71) seine Hauptstadt, wird schließlich von Rom als Hauptstadt des geeinten Italien abgelöst.
1966	**In Florenz kommt es zu einer großen Überschwemmung**, die viele wertvolle Bauten und Kunstwerke schwer beschädigt oder zerstört.
heute	**Die italienische Region Toskana ist eines der beliebtesten Reiseziele in Italien.** Aus aller Welt kommen Touristen, um die Sehenswürdigkeiten der Städte Florenz, Siena, Lucca, Volterra, San Gimignano und vieler anderer mehr zu bewundern. Florenz verbucht den Besuch von jährlich etwa 6 Millionen Touristen.

15. – 16. Jahrh. 1860 1966 heute

Exkurs: Die Etrusker

900 Jahre vor Christi Geburt lebte auf dem Gebiet der heutigen Toskana das Volk der Etrusker. Woher die Etrusker stammten, weiß niemand genau. Die einen sagen, sie wären aus Kleinasien, andere behaupten, die Etrusker wären aus Osteuropa über die Alpen nach Italien eingewandert. Jedenfalls siedelte dieses Volk zunächst zwischen den Mündungen der Flüsse Arno und Tiber, an der Westküste Italiens, um sich dann immer mehr auszubreiten und schließlich auch Städte im Landesinneren zu gründen. Ihr Gebiet, Etrurien, erstreckte sich über große Teile Mittelitaliens und schloss nicht nur die Toskana ein, sondern auch die italienischen Regionen Umbrien und Latium.

Um 600 v. Chr. gab es zwölf größere Etrusker-Städte, die sich zu einem Städtebund zusammenschlossen. Die Hälfte dieser Städte befand sich in der Toskana: Vetulonia, Roselle, Populonia, Chiusi, Volterra und Arezzo. Jede Stadt hatte ihren eigenen König und wurde selbstständig verwaltet. Die Etrusker waren ein sehr tüchtiges Volk: Sie betrieben intensiv Handel und waren als ausgezeichnete Seefahrer bekannt. Es gab eine kleine Gruppe sehr wohlhabender Landbesitzer, auf deren Feldern Sklaven die Arbeit erledigten. Die Mehrheit des Volkes setzte sich aus Händlern und Handwerkern zusammen.

Fast alles, was wir über die Etrusker wissen, haben wir durch ihre reich geschmückten Grabanlagen erfahren. In ihren »Tumuli«, das sind Kammergräber aus Steinblöcken, fanden Forscher und Historiker zahlreiche Sarkophage mit Porträts der Verstorbenen sowie Schmuck, Arbeitsgeräte und Waffen. Wandmalereien zeigen Szenen aus dem Alltagsleben: Sehr realistisch abgebildete Figuren jagen und fischen, sind bei Laufwettkämpfen oder Pferderennen zu sehen; andere beteiligen sich an ausgelassenen Festgelagen und Tänzen. Man nimmt deshalb an, die Etrusker seien ein lebenslustiges Volk gewesen – wie die abgebildeten Menschen auf den Fresken.

Der Niedergang der Etrusker begann im 5. Jahrhundert v. Chr., als die Römer, die südlichen Nachbarn der Etrusker, ihren Machtbereich immer mehr ausdehnten. Sie eroberten eine etruskische Stadt nach der anderen. Es gab Etrusker-Städte, die sich wehrten und im Krieg mit den Römern unterlagen; andere einigten sich friedlich und akzeptierten freiwillig die römische Herrschaft. Etrurien, das einst mächtige Land der Etrusker, wurde zur römischen Provinz. Im 1. Jahrhundert v. Chr. erhielten die Etrusker das römische Bürgerrecht zugesprochen: Von da an galten sie als Römer – und das Volk der Etrusker hörte auf, zu existieren.

Eine kleine Geschichte von Florenz

»Florentia« – Eine römische Siedlung im Blumenfeld

Der berühmte Konsul Julius Cäsar hatte im 1. Jahrhundert vor Christus ein Gesetz erlassen, in dem ausgedienten Soldaten und Feldherren, so genannten Kriegsveteranen, ein Stück Land zur Bearbeitung zugeteilt wurde. Eine Gruppe dieser römischen Veteranen ließ sich in der fruchtbaren Ebene am Fluss Arno nieder. An dieser Stelle verengte sich der Fluss und war leicht zu überqueren. Ein idealer Ort für eine römische Siedlung, dachten sich die Veteranen.

Als offizielles Gründungsjahr von Florenz gilt das Jahr 59 vor Christus. Unter den Römern hieß Florenz noch »Florentia«. Worauf dieser Name zurückgeht, ist ebenfalls ungewiss. Man nimmt an, dass auf den Wiesen in der näheren Umgebung von »Florentia« außergewöhnlich viele Blumen (im Lateinischen »flores«), vor allem Lilien, blühten. Eine Lilie ist bis heute auf dem Stadtwappen von Florenz abgebildet. Diese Blumenfelder, »campi florentini« genannt, waren den Römern ein Zeichen dafür, dass auch ihre Siedlung »Florentia« einmal erblühen sollte. Und tatsächlich wurde aus »Florentia« eine Kolonialstadt mit einem römischen Militärlager.

Im 2. Jahrhundert nach Christus war »Florentia« bereits ein wohlhabender Ort mit knapp 2.000 Einwohnern. Das lag vor allem an der verkehrsgünstigen Lage am Arno: Hier kreuzten sich wichtige römische Hauptstraßen wie die Via Cassia, die von Rom nach Bologna führte, und die Via Pisana, die Pisa mit der adriatischen Küste verband. Auf dem Fluss wurde Holz aus den Wäldern des Apennin-Gebirges nach Pisa gebracht, und die Straßen dienten als Transportweg für Kupfer und Eisen. Für die Händler und Kaufleute war »Florentia« eine wichtige Zwischenstation: Dort konnten sie ihre Waren verkaufen oder von einem Transportmittel auf das andere umladen. An all diesen Geschäften und Aktivitäten verdienten auch die Einwohner der Stadt, vor allem die Handwerker, Arbeiter und Gastwirte.

Florentia, eine römische Siedlung am Arno

Das Ende von »Florentia«

Gegen Ende des Römischen Reiches *(s. Begriffserklärungen)* verfiel das einst blühende »Florentia« immer mehr. In der Mitte des 4. Jahrhunderts drangen kriegerische Gotenstämme von Norden nach Italien ein. Sie waren auf der Suche nach neuen Siedlungsgebieten. Sie überfielen und plünderten zunächst die Städte in Norditalien. Im Jahr 405 standen die Goten vor den Toren von »Florentia«, konnten jedoch vom römischen Heer noch einmal zurückgeschlagen werden.

Die Stadteinwohner mussten sich aber vor neuen Angriffen schützen. Sie benutzten das Baumaterial alter römischer Tempel, Paläste und Häuser, um damit ihre Stadtmauern zu befestigen. Leider war die Arbeit vergeblich: Nach dem Sieg des gotischen Heerführers Alarich über Rom im Jahr 410 wurde die Toskana mit ihrer Hauptstadt »Florentia« zu einem Teil des neuen Westgotenreiches. In den folgenden Jahrhunderten war die Stadt immer wieder Schauplatz von Kämpfen.

Neue Herrscher: Langobarden und Karolinger

Diese unruhige und bedrohliche Zeit endete für Florenz mit dem Einmarsch der Langobarden in Italien. Die Langobarden (»Langbärte«) stammten wie die Goten aus Nordeuropa und besetzten im 6. Jahrhundert die Toskana. Zur Hauptstadt der Region erkoren sie allerdings nicht Florenz, sondern die Stadt Lucca. Da die Langobarden sich zum Christentum bekannten, erlaubten sie, in Florenz mehrere Kirchen zu errichten: die Kirche Sant'Ambrogio, aus der später San Lorenzo wurde; die Kirche Santa Reparata (sie wurde durch den heutigen Dom ersetzt) sowie eine erste Taufkirche, ein so genanntes Baptisterium.

Als der Frankenkönig Karl der Große im 8. Jahrhundert das Langobardenreich eroberte und in Italien damit die Karolinger regierten, setzte sich der städtebauliche Aufschwung von Florenz fort. Weitere Kirchen entstanden. Für Kranke und notleidende Menschen wurden »Spitäler«, also Krankenhäuser, eingerichtet.
Unter den Franken bildete die Toskana eine Markgrafschaft. Diese war in einzelne Grafschaften unterteilt. Jede Grafschaft, auch die von Florenz, war dem Markgrafen unterstellt. Als im 11. Jahrhundert der Markgraf seine Residenz von Lucca nach Florenz verlegte, wurde Florenz zum politischen Zentrum der Toskana.

Die mittelalterliche »Turm-Stadt«

Lebten im 9. Jahrhundert etwa 5000 Menschen in Florenz, so zählte die Stadt zu Beginn des 12. Jahrhunderts bereits 20.000 Einwohner. Besonders in der Innenstadt mangelte es an Wohnraum. Das lag vor allem an den zahlreichen Grafen und Baronen, die mit ihren Familien vom Land in die Stadt zogen. Der reiche Landadel wollte sich nicht am Stadtrand niederlassen, sondern im Zentrum residieren. Da dort aber kein Platz war, um Häuser seitlich zu erweitern, beschlossen die Adeligen, in die Höhe auszubauen. So entstanden die berühmten »case torri«, die Turmhäuser, die das Stadtbild von Florenz bestimmten und teilweise noch heute stehen.

Diese Turmhäuser bezeichnet man auch als Geschlechtertürme, da sie einem Geschlecht, also einer Adelsfamilie, gehörten. Die Türme waren eine Festung: Sie waren schmal und hoch (je höher desto mächtiger ihre Erbauer), und mit nur wenigen Öffnungen in den Mauern versehen. Jedes Stockwerk hatte nur einen Raum. Von Zimmer zu Zimmer kam man über einziehbare Leitern oder über

die Außenfassade - eine nicht gerade bequeme Art des Wohnens!

Über 160 Wohntürme wurden in Florenz errichtet - einem ganz berühmten, dem 54 Meter hohen Turm des »Bargello«, werdet ihr auf eurem ersten Rundgang durch Florenz begegnen.
Die Innenstadt von Florenz sah im Mittelalter in etwa so aus wie heute noch die Kleinstadt San Gimignano (dieses Städtchen lernt ihr auf einem Ausflug kennen!). Über einem Labyrinth aus engen, verwinkelten Gassen, erhob sich ein »Wald« von Turmhäusern.

Warum in Florenz von diesem »Wald« nur noch wenige »Bäume« übrig geblieben sind, liegt vor allem an der »Art des Umgangs« der Adeligen untereinander. Im Mittelalter waren viele Florentiner Adelsfamilien miteinander verfeindet und bekämpften sich. Wer bei den gewaltsamen Auseinandersetzungen das Nachsehen hatte, dessen Türme, Häuser und Besitzungen wurden erbarmungslos geplündert und zerstört.

Die Stadt der »Zünfte«

Während sich die Adelsfamilien gegenseitig bekriegten, kümmerten sich die Kaufleute und Handwerker um ihre Geschäfte - und wurden dabei immer wohlhabender. In Florenz wurden Metalle, Felle und Leder verarbeitet. Zudem stellte man Gefäße aller Art, Rüstungen, Waffen und Goldschmiedearbeiten her.

Am meisten Reichtum häuften die Tuchmacher, die »Calimala«, an. Sie holten Tuch aus Frankreich und Flandern und sorgten in Florenz für seine »Veredelung«. Das Tuch wurde aufgerauht, geschoren, gefärbt und auf seine Qualität geprüft. Nach diesen Arbeitsschritten wurde es dann mit großem Gewinn verkauft. Die Tuchmacher der »Zunft der Calimala« wurden zu den ersten Großhändlern in Florenz. Ihre Ware gab es in alle großen Städten Europas zu kaufen, sogar im Orient. Im 14. Jahrhundert arbeitete etwa ein Drittel der Stadtbevölkerung von Florenz in Tuch- oder Wollfabriken.

Wie die Tuchhersteller, so schlossen sich auch andere Handwerksberufe und die Kaufleute zu so genannten »Zünften« zusammen. Die Zunft hatte mehrere

In San Gimignano stehen die ehemaligen Wohntürme der Adeligen noch heute.

Funktionen: Sie regelte die Beziehungen zwischen dem Dienstherren, den Meistern, den Gesellen und den Lehrlingen. Des Weiteren bestimmte sie die Qualitätsmaßstäbe ihrer Produkte. Durch Mitgliedsbeiträge und Vermächtnisse verstorbener Mitglieder verfügte die einzelne Zunft über ein Vermögen. Damit konnten Versammlungshäuser errichtet und mit Kunstwerken ausgeschmückt werden. Den bedürftigen Mitgliedern konnte die Zunft Geld leihen oder spenden. Jede Zunft besaß ein eigenes Wappen mit dem Zeichen ihrer Kunst und ernannte einen Vorsteher, den so genannten »Prior«.

Bankiers und Geldgeschäfte

Das Geschäft der Florentiner Geldwechsler und -verleiher blühte. Diese gründeten zahlreiche Handelsbanken, nicht nur in Florenz, auch in anderen italienischen Städten und im Ausland. Bald wandten sich nicht nur Händler und Kaufleute, sondern auch Kaiser, Könige und Herzöge an die Bankiers in Florenz, wenn sie Geld brauchten. Sogar der Papst nahm ab und zu einen Kredit bei den Florentiner Bankhäusern auf.

Vereinfacht wurden diese Bankgeschäfte durch die Einführung des Wechsels (ähnlich unserem heutigen Scheck) und vor allem durch den »Goldflorin«. Florenz wurde im Jahr 1252 als erster Stadt in Europa das Recht gewährt, eine eigene Goldmünze zu prägen. Die Münze zeigte auf der einen Seite eine Lilie (das Wahrzeichen von Florenz) und auf der anderen Seite Johannes den Täufer, den Schutzheiligen der Stadt.

Die Stadtregierung von Florenz

Die Einwohner von Florenz wollten nicht mehr von fremden Markgrafen regiert werden. Vor allem die alteingesessenen und reichen Bürgerfamilien drängten auf eine größere Unabhängigkeit für ihre Stadt. Sie wollten ihre Stadtverwaltung frei wählen, eigenes Recht sprechen und wichtige politische Entscheidungen selbst treffen. So kam es im 12. Jahrhundert zur Gründung der ersten Stadtregierung. In Florenz bestand diese Regierung aus 12 »Konsuln«, die von den reichen Kaufleuten und Handwerkern gewählt wurden. Jeder der insgesamt sechs Stadtteile von Florenz konnte zwei Konsuln stellen. Diese Konsuln übten das Richteramt aus und bestimmten die Politik der Stadt.

An der Spitze der Florentiner Regierung stand als Stadtoberhaupt der »Podestà«. Später regierte mit diesem gemeinsam der »Hauptmann des Volkes«, der »Capitano del Popolo«. Ihre Amtszeit konnte bis zu sechs Monate, manchmal auch ein Jahr dauern. Als oberste Richter hatten sie sozusagen das letzte Wort bei Entscheidungen und Gesetzen, die von den Konsuln beschlossen wurden. Der Hauptmann des Volkes war dem Podestà zur Seite gestellt worden, um die Rechte des Volkes gegenüber dem Stadtoberhaupt zu wahren.

Die »Signoria«

Im Jahr 1282 kam es in Florenz zur Einrichtung der »Signoria«, einer Regierungsform, die bis ins 15. Jahrhundert bestand. Die Adelsfamilien wurden von der Stadtregierung völlig ausgeschlossen: Die »Signori« und der »Gonfaloniere di Giustizia« hatten nun den Vorsitz inne. Wer waren diese »Signori«? Die »Signori« waren die Vorsteher der sieben bedeutendsten Zünfte in Florenz, die »Priori« - von diesen habt ihr bereits erfahren. Aus insgesamt sieben »Priori« setzte sich die »Signoria«, die Florentiner Stadtregierung, zusammen. Ihnen stand der »Gonfaloniere di Giustizia« zur Seite, der gewissermaßen den »Podestà« ersetzte. Er war nun oberster Richter und übte den Oberbefehl über das Militär aus. Ihr solltet euch diese Bezeichnungen der Amtsträger einprägen: Auf den Rundgängen werdet ihr des Öfteren Plätzen, Palästen und Türmen mit diesen Namen begegnen - etwa der »Piazza della Signoria«.

Der Palazzo Vecchio hieß einst Palazzo della Signoria.

Selbstbewusst und machthungrig - Florenz im 13. Jahrhundert

Um 1300 lebten in Florenz fast 100.000 Menschen - mehr als in Köln, der größten deutschen Stadt im Mittelalter. In Florenz gab es zahlreiche Arbeitsmöglichkeiten, die Steuern waren niedrig und die Einwohner vor Überfällen und Kriegen relativ sicher. Kirchenorden gründeten hier Klosterniederlassungen und bauten Klosterkirchen, darunter auch sehr große Kirchen wie Santa Croce oder Santa Maria Novella. Für diese Gotteshäuser spendeten die reichsten Familien der Stadt bedeutende Kunstwerke. Großartige Künstler wie Cimabue oder Duccio da Buoninsegna, die als Begründer der Florentiner Kunst gelten, schmückten die Kirchen aus.

Die Florentiner Bürger wurden selbstbewusster - und kriegerischer: Die Stadtregierung machte sich Städte und Landstriche in der Toskana untertan und erweiterte somit ihren Herrschaftsbereich auf ein immer größer werdendes Gebiet. Florenz begann, sich von einem Stadtstaat in einen Territorialstaat zu verwandeln. Namhafte Städte wurden von Florenz erobert: Pistoia, Prato, San Gimignano, Volterra, Arezzo, das einst so bedeutende Pisa - Florenz stieg zur mächtigsten Stadt in der Toskana auf.

Guelfen und Ghibellinen – Bürgerkrieg in Florenz

»In Florenz streiten sich vor allem die Vornehmen und das Volk untereinander und letztlich das Volk mit dem gemeinen Volk. Bei diesen Streitereien gibt es viele Tote, viele gehen ins Exil. So viel Familienzwist, wie niemals in einer anderen Stadt, an die man sich erinnern kann.« Diese Beschreibung von Florenz stammt von einem Geschichtsschreiber des 15. Jahrhunderts, aber sie hat bereits auf die Zustände im 13. Jahrhundert in der Stadt und der gesamten Toskana zugetroffen.

In Florenz und allen anderen toskanischen Städten bekriegten sich zwei Parteien: die Guelfen und die Ghibellinen. Beide Namen sind abgeleitet von deutschen Hochadelsgeschlechtern des 12. Jahrhunderts: dem Geschlecht der Welfen (daraus entwickelte sich das Wort »Guelfen«) und dem der Staufer (ihre schwäbische Heimatstadt Waiblingen lieferte die Wortvorlage für »Ghibellinen«).

In der Toskana standen sich die Guelfen, die Anhänger des Papstes, und die Ghibellinen, die Anhänger des Kaisers, feindlich gegenüber. Papst und Kaiser kämpften um die Herrschaft in Italien. Da sich die politische Lage ständig änderte, litten vor allem größere Städte wie Florenz und Siena unter diesem kriegerischen Hin und Her. Einmal siegten die Guelfen, dann wieder die Ghibellinen. Schließlich behielten Mitte des 13. Jahrhunderts die Anhänger der Guelfen-Partei die Oberhand. Die triumphierenden Guelfen vertrieben die Ghibellinen aus Florenz und vielen anderen

Der Bürgerkrieg zwischen Guelfen und Ghibellinen entzweite die Toskana.

toskanischen Städten und zerstörten deren Turmhäuser, Stadtpaläste und Werkstätten.

Die Medici – Eine Familie regiert

Zu den einflussreichsten Bürgerfamilien in Florenz zählten im 14. Jahrhundert die Familien Albizi, Strozzi, Pitti. – Damals begann der unvergleichliche Aufstieg der Familie Medici, die Florenz später prägen sollte. Der Begründer des Reichtums und der Macht dieser Familie war Giovanni di Bicci. Er war im 14. Jahrhundert in der Stadt als Geldwechsler und Händler tätig. Das machte er so geschickt, dass er bald Bankniederlassungen in Venedig und Rom gründen konnte.
Im Jahr 1413 wurde Giovanni di Bicci-Medici zum Hauptbankier des Papstes ernannt. Das bedeutete, dass er den größten Teil der Einkünfte des riesigen Kirchenstaates verwalten konnte und dafür Zinsen ausgezahlt bekam.

Als Giovanni di Bicci im Jahr 1429 starb, war seine Familie bereits die zweitreichste in Florenz. Der Aufstieg ging weiter. Sein Sohn Cosimo Medici zeigte sich ebenso geschäftstüchtig wie der Vater. Der »Großkaufmann von Florenz« machte das Familienunternehmen zur größten Bank in der Stadt. Indem Cosimo der Ältere (später sollte es noch einen Cosimo den Jüngeren in der Familiengeschichte geben) nun auch Seide herstellte, verband er das Geldgeschäft mit dem Handel. In ganz Europa gründete er Handelshäuser, die den Reichtum und das Ansehen der Familie Medici vermehrten. Um keinen Neid zu erwecken, stellte Cosimo seinen Reichtum und seine Macht nie öffentlich zur Schau. Doch politisch besaß er großes Durchsetzungsvermögen; er bestimmte die Maßnahmen und Entscheidungen der Stadtregierung. Alle wichtigen Beamtenstellen besetzte er mit Männern, die ihm treu ergeben waren. Und wenn sich ihm eine Familie feindlich entgegenstellte, ließ er sie kurzerhand aus der Stadt verbannen.

Die Medici waren aber nicht nur geschickte Geschäftsleute und Politiker. Sie hatten auch andere vielfältige Interessen. Cosimo der Ältere war sehr sprachbegabt und beherrschte die deutsche, französische, arabische, hebräische, altgriechische und lateinische Sprache. Er gründete Bibliotheken und Schulen und liebte es, in Gesellschaft von Philosophen, Dichtern und Künstlern seine Abende zu verbringen.

Ein anderer Medici, Lorenzo il Magnifico (in etwa Lorenzo »der Glanzvolle«), begeisterte sich für Philosophie, Musik und Architektur. Er verfasste sogar selbst Gedichte. Cosimo I. richtete im 16. Jahrhundert einen der ersten Botanischen Gärten der Welt ein und gründete eine Akademie für Zeichner. Sein Sohn Francesco tat sich auf wissenschaftlichem Gebiet hervor. Im Jahr 1569 bekam ein Medici vom Papst den Titel eines Großherzogs verliehen. Die Medici waren damit eine Fürstenfamilie geworden, die von Papst und Kaiser anerkannt war. Auf dem Familienwappen mit den Medici-Kugeln konnten sie nun eine Krone hinzufügen.

Abgesehen von kurzen Unterbrechungen blieben die Medici über Jahrhunderte die »Stadtherren« von Florenz. Ihre Herrschaft über die Stadt sollte bis zum Tod des letzten Medici im Jahr 1737 anhalten.

Ein kämpferischer Mönch – Girolamo Savonarola

Der Dominikanermönch Girolamo Savonarola wurde 1491 zum Vorsteher des Florentiner Klosters San Marco ernannt. In seinen Predigten, die große Wirkung in der Bevölkerung hinterließen, verurteilte der Glaubenskämpfer den Prunk und die Verschwendungssucht der reichen Bürger. Er bezeichnete nicht nur ihre Geldgeschäfte, sondern ihren ganzen Lebensstil als ungerecht und unmoralisch. Die Anhängerschaft Savonarolas vergrößerte sich schnell. Nicht nur die arme Bevölkerung, auch viele Handwerker, kleine Händler und Künstler stimmten dem Geistlichen zu.

Mit der Zeit handelte und urteilte der Dominikaner immer strenger und starrer. Auf einem »Scheiterhaufen der Eitelkeiten« ließ er im Jahr 1497 auf der Piazza della Signoria Brettspiele und Spielkarten, Masken, Perücken, Musikinstrumente, Bücher und Gemälde verbrennen – alles Sachen, die den Bürger, so die Ansicht Savonarolas, von einem gottesfürchtigen Leben ablenken würden. Diese Haltung Savonarolas war vielen zu radikal. Zudem hatte sich der streitsüchtige Geistliche mittlerweile auch den Papst in Rom zum Feind gemacht. Die Stadtregierung stimmte schließlich für eine Verhaftung Savonarolas. Im Mai 1498 wurde der Geistliche mit zwei seiner Anhänger gehängt und auf dem Scheiterhaufen verbrannt – auf der Piazza della Signoria,

Palazzo Strozzi

dort, wo Savonarola nur ein Jahr zuvor seinen »Scheiterhaufen der Eitelkeiten« errichtet hatte.

Die Kunst der »Renaissance»

Im 15. Jahrhundert bewirkten die Künstler in mehreren Städten Italiens, insbesondere in Florenz, eine »Wiedergeburt der Antike« – auch als »Renaissance« (s. Begriffserklärungen) der antiken Kunst bezeichnet. Die Maler und Bildhauer waren auf der Suche nach einer Darstellung, die die sichtbare Welt möglichst genau wiedergab.

Die Natur, die Pflanzen und Gebäude, die Räume und die Menschen darin sollten auf den Gemälden und in den Skulpturen ganz natürlich wirken. Die Künstler reisten aus Florenz nach Rom, um sich dort von antiken Statuen, Büsten und Grabmälern Anregungen für ihre eigenen Arbeiten zu holen. In Rom entdeckte man viele Kunstwerke der antiken Vergangenheit wieder. Baumeister und Architekten entwickelten aus dem Studium antiker Tempel und Paläste einen neuen »Renaissance«-Baustil. Wie die Bauten der Antike sollte die Architektur ihrer Kirchen und Paläste auf den Betrachter einen ausgewogenen und harmonischen Eindruck machen. Die Gebäude wurden nun mathematisch berechnet. Auch in der Malerei hielt die Wissenschaft Einzug. Ein »Renaissance«-Künstler gestaltete seine Bildräume nach wissenschaftlichen Regeln. Im Mittelpunkt stand die Zentralperspektive. Sie erlaubte es, die Tiefe eines Raumes genau darzustellen: Die Gegenstände werden immer kleiner, je weiter sie in den Bildhintergrund rücken.

Auf den Rundgängen durch Florenz werdet ihr immer wieder auf Werke von Renaissance-Künstlern stoßen. Sie befinden sich in Kirchen und Kapellen, in Stadtpalästen und Museen, schmücken Plätze und Straßen. Die ganze Welt beneidet Florenz um diese einzigartigen Gebäude und Kunstwerke, die Jahr für Jahr Millionen von Menschen – darunter auch viele Kunstprofessoren und Kunststudenten – in die Stadt locken.

Große Künstler mit einer neuen Sicht der Dinge

Schon vor dem 15. Jahrhundert wirkten Künstler in Florenz, die als Wegbereiter für die »Renaissance« gelten. Der bedeutendste unter ihnen war **Giotto**. Er war 1318 – 1328

Der Campanile, der Glockenturm, des Doms

als Maler in der Stadt tätig und ab 1334 als Baumeister am neuen Dom, wo er den Campanile errichtete. Seine Malweise war ungewöhnlich und neuartig: Giotto versuchte das Starre und Leblose, das bisher in der italienischen Malerei vorherrschte, durch einen plastischeren, also den Körper betonenden, und lebhafteren Stil zu ersetzen. Menschen und Dinge sollten so dargestellt werden, dass sie wie wirklich erschienen. Bisher war in Mosaiken und auf Tafeln der Bildhintergrund meist in einheitlicher goldener Farbe gehalten. Giotto belebte ihn in seinen Gemälden mit Tieren, Landschaften und Gebäudeansichten.

Die Werke von Giotto hatten großen Einfluss auf die jüngeren Künstler. Aus der ganzen Toskana kamen im 14. und 15. Jahrhundert Maler, Bildhauer und Architekten nach Florenz, um seine Fresken in der Kirche Santa Croce oder sein Kruzifix in der Kirche Santa Maria Novella zu bewundern. Unter den Malern gilt **Masaccio** als der direkte Nachfolger von Giotto. Masaccio entwickelte den von Giotto begonnenen Stil fort: Die Abbildungen der Personen und Tiere auf seinen Fresken in der Kirche Santa Maria del Carmine wirkten jetzt noch wirklichkeitsnäher und realistischer. Man kann darauf sogar Straßen, Plätze und Gebäude des Stadtbildes von Florenz wiedererkennen.

Die Florentiner Künstler **Ghiberti** und insbesondere **Donatello** führten im 15. Jahrhundert den »Renaissance«-Stil in der Bildhauerei ein. Die Reliefdarstellungen von Ghiberti an den Bronzetüren der Taufkirche und die zahlreichen Statuen, die Donatello hinterließ, künden von einer größtmöglichen Wirklichkeitstreue und Räumlichkeit in den Abbildungen.

Die Künstler der so genannten »Hochrenaissance« im 16. Jahrhundert führten den Renaissance-Kunststil zur Vollendung. Die Maler und Bildhauer konzentrierten sich noch intensiver auf ihre Figuren, bei denen sie durch geschickte Farbwahl und ausdrucksstarke Darstellung die Wirklichkeitsnähe zusätzlich steigerten. Zwei Künstler traten hier besonders in den Vordergrund: **Leonardo da Vinci** und **Michelangelo Buonarotti**.

Leonardo ging in Florenz bei einem Bildhauer in die Lehre, machte sich dann selbstständig und blieb bis 1481 in der Stadt. Dann hielt der großartige Künstler sich nur noch vorübergehend in Florenz auf. Im Gegensatz zu Leonardo - ein Gemälde von ihm könnt ihr aber in der berühmten Gemäldesammlung der »Uffizien« bewundern - hinterließ Michelangelo weitaus mehr Kunstwerke in der Stadt. Er arbeitete viele Jahre in Florenz und schuf mit seiner Statue des »David« ein Wahrzeichen der Arno-Stadt.

»Fiorentina Bella« - Das »Schöne Florenz«

Im 15. Jahrhundert konnte endlich der Dom mit der prächtigen Brunelleschi-Kuppel fertig gestellt werden. Damit besaßen die Florentiner das größte Gotteshaus, das bis dahin in Europa errichtet worden war.

Zahlreiche andere Kirchen in Florenz wurden sowohl außen wie innen reich mit Kunstwerken ausgeschmückt. Die Florentiner Maler, Holzschnitzer, Steinmetze, Goldschmiede, Maurer und Baumeister hatten alle Hände voll zu tun.

Die »Fiorentina Bella«, das »Schöne Florenz«, so wie wir es heute kennen, nahm

Die David-Statue vor dem Palazzo Vecchio ist eine Kopie des Originals.

Die Bürger von Florenz waren stolz auf ihr »schönes« Florenz.

Form an. Die Florentiner Straßen und Plätze wurden erweitert und gepflastert. Denkmäler und Brunnen wurden errichtet. Florenz war damals eine der reichsten Städte in Europa. Hier befanden sich 150 Kirchen, 90 Klöster, 80 Bruderschaften, 17 Herbergen für Pilger, 6 Krankenhäuser und 20 Theater. Insbesondere die reiche Familie Medici förderte über Jahrhunderte Kunst und Wissenschaft: Sie richtete Kunstgalerien (die berühmteste davon, die so genannten »Uffizien«, werdet ihr auf einem der Rundgänge besuchen) und Kunstschulen ein; sie ließ ihre Paläste vergrößern und die Kirchen prächtig ausstatten. Die Einwohner zeigten sich in ihrer schönen Stadt hauptsächlich tagsüber. Bei Sonnenuntergang wurden die Stadttore geschlossen und es herrschte Ausgangsverbot. Nur Beamte und die Polizei durften nachts durch die Straßen gehen. Das Läuten der Kirchenglocken war am Morgen sozusagen der Wecker der Florentiner: Die Stadttore wurden geöffnet, so dass die Händler und Bauern der Umgebung ihre Waren auf dem Markt anbieten konnten; die reichen Bürger eilten zur Frühmesse und nahmen dort die Gelegenheit wahr, miteinander zu reden und auch Geschäftliches zu besprechen; und die Arbeiter und Handwerker begaben sich in ihre Werkstätten, in denen sie bis Sonnenuntergang fast pausenlos tätig waren.

Die Nachfolger der Medici

Im Jahr 1737 starb das letzte männliche Familienmitglied der Medici, Gian Gastone. Damit verlor Florenz nach über 500 Jahren seine mächtigste und einflussreichste Familie. Von nun an herrschten Großherzöge aus dem Ausland über die Stadt und

Links: Florenz bietet einen einzigartigen Anblick.

Rechts: Der Eingang zu den Uffizien, dem weltberühmten Kunstmuseum

Florenz nach der Überschwemmung im Jahr 1966 - ein Bild der Verwüstung

die Toskana. Zunächst aus dem Hause Habsburg-Lothringen: Großherzog Franz, der Ehemann der österreichischen Kaiserin, und sein Nachfolger, sein Sohn Großherzog Peter Leopold, versuchten den Handel in der Toskana zu fördern. In Florenz ließen sie die Krankenhäuser ausbauen und neue Schulen errichten. Es wurden weiträumige Grünflächen geschaffen und der Privatpark der Medici, der Boboli-Garten, der Öffentlichkeit zugänglich gemacht.
Am Ende des 18. Jahrhunderts mussten die Habsburg-Lothringer allerdings ihren Platz als Herrscher über Florenz und die Toskana - zumindest vorübergehend - einem anderen überlassen. Napoleon Bonaparte war mit seinen Soldaten in Norditalien eingedrungen und eroberte dort eine Stadt nach der anderen. 1799 besetzten die französischen Truppen Florenz. Die Stadt wurde nun Hauptstadt des neu gegründeten Königreiches Etrurien, wozu die Franzosen auch das Großherzogtum Toskana zählten.

Die Schwester Napoleons regierte in den darauffolgenden Jahren als Großherzogin über Florenz und die Toskana. Sie residierte im Palazzo Pitti, den sie zum Teil auch im französischen Stil einrichten ließ.

Die Geburt einer Nation - und des »modernen Firenze«

Nach dem Zusammenbruch des Napoleonischen Kaiserreiches im Jahr 1814 kehrten erneut die Habsburger nach Florenz zurück. Aber ihre Regierungszeit sollte diesmal nur von kurzer Dauer sein. Mitte des 19. Jahrhunderts strebten die Italiener die Unabhängigkeit und Einheit ihrer Nation an. Im Jahr 1859 verließ endgültig der letzte Großherzog Florenz und die Toskana. Ein Jahr später wurde die Stadt an das neue Königreich Italien angegliedert. Italien war jetzt geeint und wurde von einem gewählten Parlament unter dem Vorsitz eines Königs regiert.

Von 1865-71 war Florenz sogar die Hauptstadt des »neuen« Italien. In diesen sechs Jahren stieg die Zahl der Einwohner von 115.000 auf fast 200.000. Neue Häuser mussten gebaut und die Straßen erweitert werden. Der große Mauerring, der seit dem 14. Jahrhundert Florenz umschloss, wurde größtenteils abgetragen. An seiner Stelle verläuft bis heute eine breite Umgehungsstraße. Auch in der Innenstadt änderte sich mancherorts das Stadtbild: Alte, traditionsreiche Plätze, wie die Piazza della Repubblica, wurden vergrößert und vollkommen neu gestaltet.

Florenz ist heute eine Attraktion für Millionen von Touristen

Seitdem wurden am Stadtbild von Florenz keine entscheidenden Veränderungen mehr durchgeführt. Auch im Zweiten Weltkrieg hielten sich die Schäden in Grenzen. Nach einer Übereinkunft der Kriegsteilnehmer sollten Bauwerke von großer kunstgeschichtlicher Bedeutung von Bombardierungen verschont bleiben. Nur noch einmal, im November 1966, lief Florenz Gefahr, zerstört zu werden. Der Arno überflutete mit seinem Hochwasser große Teile der Innenstadt. Bis zu 7 Meter hohe Wasser- und Geröllmassen drangen in die Straßen, in die Kirchen und Paläste. Zahlreiche Kunstschätze wurden damals zerstört oder schwer beschädigt.

Florenz erleben

Heute hat Florenz etwa 380.000 Einwohner. Die Stadt, mittlerweile Hauptstadt der italienischen Region Toskana, ist eine weltweit einzigartige Kunststadt. Fast 6 Millionen Menschen besuchen jedes Jahr Florenz. Davon profitieren die Einwohner natürlich, viele Florentiner leben vom Tourismus. Aber auf der anderen Seite leidet die Stadt auch unter diesem großen Zustrom von Touristen. Das mittelalterliche Stadtzentrum mit seinen engen, verwinkelten Gassen und kleinen Plätzen ist für den Straßenverkehr ungeeignet. Trotzdem verstopfen Busse, Camper und PKW aus ganz Europa jeden Tag die Straßen in der Innenstadt. Durch die Fußgängerzonen ziehen Menschenmassen, und vor dem Eingang zu Kirchen, Palästen und Museen müsst ihr stets mit Warteschlangen rechnen.

Große Künstler in Florenz

Filippo Brunelleschi

Filippo Brunelleschi entstammte einer wohlhabenden Familie. Er wurde 1377 in Florenz als Sohn eines angesehenen Notars geboren. Aber anstatt in die Spuren seines Vaters zu treten, begann Brunelleschi eine Lehre als Goldschmied und Bildhauer. Bereits im Jahr 1399 arbeitete er selbstständig.
Im Jahr 1418 wurde Brunelleschi zum Baumeister der Domkuppel von Florenz ernannt. Um diese schwere Aufgabe zu bewältigen, schaute er sich das Pantheon in Rom ganz genau an. Er übernahm von diesem Kuppelbau aus der Antike die Art die Steine zu verlegen. So gelang es ihm die gewaltige Kuppel des Domes zu bauen. Sie gilt als erstes Bauwerk des Baustils der Renaissance (*s. Begriffserklärungen*). Von dieser Zeit an war er überwiegend als Architekt tätig.

In Florenz gestaltete er unter anderem die Kirchen San Lorenzo und Santo Spirito sowie die Pazzi-Kapelle in Santa Croce. Filippo Brunelleschi starb im Jahr 1446 in Florenz.

Donatello

Donatello wurde 1386 in Florenz geboren und hieß mit bürgerlichem Namen Donato di Niccolò di Betto Bardi. Als Sohn eines Wollkämmerers wuchs er in ärmlichen Verhältnissen auf. Schon früh begann Donatello eine Lehre als Steinmetz. In den Jahren 1404 - 1407 arbeitete er in der Werkstatt von Lorenzo Ghiberti, unter anderem an der Fertigstellung der Bronzetüren für das Baptisterium in Florenz. Entscheidend für die künstlerische Laufbahn von Donatello war die Freundschaft mit Filippo Brunelleschi. Gemeinsam mit diesem Künstler widmete er sich dem Studium der Antike und reiste des Öfteren nach Rom.

Donatello erwies sich als sehr vielseitiger Bildhauer. Er schuf seine Werke aus Marmor, Ton, Bronze, Holz oder in Stuck. Zu seinen Kunstwerken zählen Heiligenfiguren, Kanzeln, Taufbecken, Statuen und auch ein Reiterdenkmal.
Donatello, der im Jahr 1466 verstarb, gilt als der wichtigste Bildhauer in der Kunstepoche der Frührenaissance.

Leonardo da Vinci

Leonardo da Vinci gehört zu den größten Persönlichkeiten der Geschichte. Er war nicht nur Maler, Architekt und Bildhauer, sondern auch Wissenschaftler und Erfinder. Geboren wurde Leonardo im Jahr 1452 in dem kleinen Dorf Vinci (daher sein Name Leonardo da Vinci: Leonardo »aus Vinci«) in der Nähe von Florenz. Er war das uneheliche Kind einer Magd und eines reichen Florentiner Notars. Trotzdem genoss Leonardo eine gute Erziehung.

Mit 15 Jahren begann Leonardo eine Ausbildung als Maler und Bildhauer in der Werkstatt des Künstlers Andrea Verrocchio in Florenz. Seine ersten Gemälde fertigte Leonardo noch als Lehrling an. Eines seiner frühen Gemälde »die Verkündigung« könnt ihr im Museum Uffizien in Florenz sehen.

Leonardos Portrait einer jungen Frau aus Florenz ist unter dem Namen »Mona Lisa« weltberühmt geworden. Der Maler hat es immer bei sich behalten. Leonardo verbrachte seine letzten Lebensjahre in Frankreich. Daher hängt die »Mona Lisa« heute in Paris im Louvre und wird dort von tausenden Besuchern täglich bestaunt.

Michelangelo Buonarotti

genannt »Michelangelo« wurde 1475 in einem kleinen Ort in der Toskana geboren. Er entstammte einer adeligen, aber verarmten Familie. Schon als Kind bewies er großes Talent im Zeichnen. Schließlich schickte ihn sein Vater in die Lehre zu einem bekannten Künstler jener Zeit. Mit 26 Jahren schuf er in Florenz eine heute weltbekannte Figur, den »David«. Zwei Jahre hat er gebraucht um aus einem riesigen Marmorblock diese fast fünf Meter hohe Skulptur herauszumeißeln. In Florenz war man so hingerissen vom »David«, dass man ihn vor dem Rathaus aufstellte. Dort steht er heute noch, allerdings als Kopie. Das Original befindet sich im Museum Galleria dell´Accademia.

Später arbeitete Michelangelo in Rom, wo er als Architekt, Bildhauer und auch Maler tätig war. So gestaltete er die Deckengemälde und die Altarwand der Sixtinischen Kapelle mit biblischen Szenen.

In den Uffizien in Florenz könnt ihr ein Rundgemälde von diesem berühmten Künstler bewundern: »Die heilige Familie«, sein vielleicht einziges Bild auf Leinwand, eine Seltenheit.

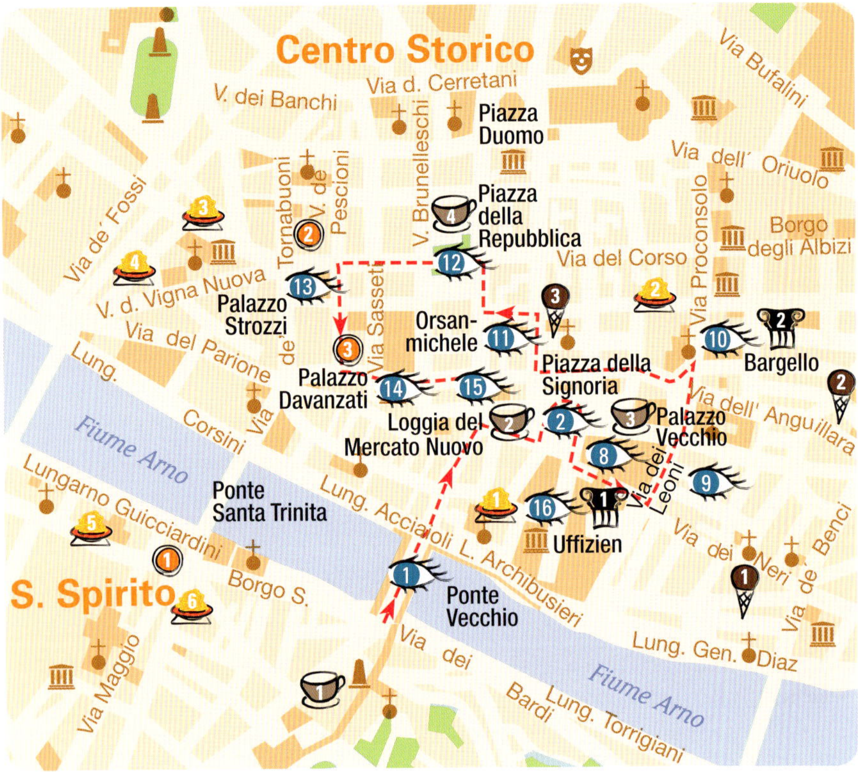

Auf den Stadtteilkarten sind Symbole eingezeichnet: Sie verschaffen euch einen schnellen Überblick darüber, was es auf den Rundgängen zusätzlich an Nützlichem und Interessantem gibt. Die genauen Adressen von Restaurants, Pizzerien, Cafés und Eisdielen findet ihr im Kapitel »Essen in der Toskana« unter der jeweils angegebenen Nummer.

Sehenswürdigkeiten — Museen — Adressen und Öffnungszeiten S.131-140

1. Galleria degli Uffizi
2. Museo Nazionale del Bargello

Restaurnats

1. Antico Fattore
2. Il Pennello
3. Marione
4. Il Latini
5. Angiolino
6. Quattro Leoni

Pizzerien

1. Il Cantinone
2. Obicà
3. La Bussola

Cafés

1. Maioli
2. Caffé Rivoire
3. Gucci Caffè
4. Gilli

Eisdielen

1. Dei Neri
2. Vivoli
3. Perché no

Adressen S.158-159

Rund um die Piazza della Signoria – Das mittelalterliche Florenz

Die »Alte Brücke« – Der »Ponte Vecchio« 

»Wonach suchst du denn?«, fragte Pollino seine Schwester. »Kannst du dich noch an die Goldkette von Omi erinnern? Und an das kleine Medaillon mit dem Engel? – Das hat sie in Florenz gekauft, und genau so ein Medaillon möchte ich auch haben«, antwortete Pollina. Sie stand vor der Auslage eines Schmuckgeschäftes und betrachtete aufmerksam die Goldschmiedearbeiten: Ohr- und Armringe, Ketten sowie Medaillons in Gold und Silber lagen hinter der Glasscheibe auf einem roten Samttuch ausgebreitet. Pollino und Pollina befanden sich auf dem »Ponte Vecchio«, der ältesten Brücke von Florenz, die über den Fluss Arno führt.

Eine erste Steinbrücke über den Arno wurde an dieser Stelle bereits zu Beginn des 12. Jahrhunderts errichtet. Als die Florentiner flussaufwärts eine weitere, neue Brücke über den Arno bauten, verliehen sie dem »Ponte Vecchio« seinen Namen: »Alte Brücke«. Im 14. Jahrhundert wurde die Brücke bei einer verheerenden Überschwemmung beinahe komplett zerstört. Die Stadtregierung beschloss, den »Ponte Vecchio« in neuer Gestalt wieder aufzubauen. Zu beiden Seiten der Brücke entstanden Gebäude, in denen sich Obst- und Gemüsehändler, Metzger, Wollfärber und Schmiede einrichteten. Wer für seine Werkstatt oder seinen Laden mehr Platz benötigte, erweiterte das Gebäude mit einem

Anbau zur Fluss-Seite hin. Wenn ihr den Ponte Vecchio vom Arno-Ufer aus betrachtet, erkennt ihr diese Anbauten als vorspringende Erker.

Im Jahr 1593 mussten die Händler und Handwerker, die bisher auf dem Ponte Vecchio ihre Arbeitsstätte hatten, die Brücke verlassen. Dem Medici-Großherzog Ferdinando I. waren der Lärm und der Schmutz auf dem Ponte Vecchio zuwider. Vor allem die Metzger, die ihre Fleischabfälle rücksichtslos in den Arno warfen, störten das Bild der »Fiorentina Bella«, des »Schönen Florenz«. Zu neuen »Brücken-Bewohnern« wurden Goldschmiede und Juweliere, die auch heute ihre Läden auf dem Ponte Vecchio haben.

»Jetzt lass uns aber weitergehen. Du weißt doch, was uns noch alles erwartet!«, sagte Pollino zu Pollina. Die Geschwister planten, das Gebiet rund um die Piazza della Signoria, dem schönsten Platz von Florenz, zu erkunden. Von der »Via Por Santa Maria« bogen sie rechts ab in die »Via Lambertesca« und erreichten eine schmale Gasse, den »Chiasso de'Baroncelli«. »Wie du in der ›Kleinen Geschichte von Florenz‹ erfahren hast, herrschten hier im Mittelalter sehr kriegerische Zeiten«, erklärte Pollino vor einem Bogen, der die Gasse überspannte. »Schau dir die wenigen Fenster an den Hauswänden an, und mit was für schweren Eisengittern die verschlossen sind. Da ist jeder Angriff vergeblich«, grübelte Pollino. »Hier kannst du so richtig träumen von Ritterspielen und Kämpfen, stimmt's?«, stichelte Pollina. »Mir sind Friedenszeiten lieber – und sonnenbestrahlte Plätze!«, rief sie und rannte aus der dunklen Gasse. Pollina stand nun auf der herrlichen »Piazza della Signoria«.

Die »Piazza della Signoria« 

Bis ins 13. Jahrhundert war die »Piazza della Signoria«, der »Platz der Signoria«, noch dicht besiedelt. Auf dem Platz standen die Wohntürme und Häuser der Ghibellinen. Wie ihr wisst, stritten die Ghibellinen mit ihren Rivalen, den Guelfen, um die Vorherrschaft in Florenz. Nach ihrer endgültigen Niederlage mussten die Ghibellinen die Stadt verlassen. Kurz darauf

Auf der Piazza Signoria

wurden ihre Wohntürme und Häuser auf der »Piazza della Signoria« von den Guelfen abgerissen.

Seinen Namen »Piazza della Signoria« verdankt der Platz dem »Palazzo della Signoria«, der heute unter der Bezeichnung »Palazzo Vecchio« bekannt ist. Ihr könnt diesen Stadtpalast auf der gegenüberliegenden Seite des Platzes erkennen. Der »Palazzo della Signoria« wurde zu Beginn des 14. Jahrhunderts als neuer Sitz der Stadtregierung, der »Signoria«, errichtet. Vor ihrem neuen Rathaus wollten die Florentiner die schönste »Piazza« in der ganzen Stadt haben. Die »Piazza della Signoria« wurde mit Ziegelsteinen gepflastert und im Lauf der Jahrhunderte mit vielen Denkmälern und Statuen geschmückt.

Bis heute stellt die »Piazza della Signoria« für die Florentiner den Mittelpunkt ihrer Stadt dar. Hier trifft man sich zu Verabredungen oder Spaziergängen, besucht eines der schönen Cafés oder betrachtet vergnügt die Touristen, die jeden Tag den Platz in Scharen aufsuchen. Früher fanden auf der »Piazza« große Empfänge für bedeutende Gäste statt – und öffentliche Hinrichtungen: Im Jahr 1498 wurde der Mönch Savonarola auf diesem Platz gehängt und anschließend auf einem Scheiterhaufen verbrannt.

*»Du stehst genau da, wo **Savonarola** (3) hingerichet wurde«, sagte Pollino und zeigte auf eine Stelle am Boden. Erschrocken sprang Pollina zur Seite. Jetzt war eine runde Scheibe aus Granit zu sehen, die an den Tod des Mönchs und seiner Gefährten erinnerte. »Hier befand sich der Scheiterhaufen, auf dem Savonarola grausam getötet wurde«, erzählte Pollino. »Und zwar genau am 23. Mai 1498«, las er von der Scheibe ab. Doch seine Schwester war bereits beim **Neptun-Brunnen**.* (4)

Wenig später kam Pollino hinzu und wollte sich mit Brunnenwasser Gesicht und Haare nass machen.

»Stopp, was machst du denn da?«, rief Pollina. Erschrocken hielt Pollino inne. »Siehst du nicht, dass der Brunnen durch das Geländer hier abgesperrt ist? Und die Tafel dort drüben am Palazzo Vecchio hast du wohl auch nicht gesehen?« Pollina zeigte auf die Fassade des Stadtpalastes. Dort hing eine Marmortafel mit einer lateinischen Inschrift: »Wer sich in diesem Brunnen oder in der Nähe von 20 Armlängen wäscht, und wer diesen Brunnen verschmutzt, hat vier Scudi Geldstrafe zu zahlen«, übersetzte Pollina. »Seltsame Regeln haben die Florentiner!«, murmelte Pollino.

»Weißt du, wie hoch diese Statue ist?« Pollina zeigte auf die riesige Figur des Neptun über dem Wasserbecken. »Über 5 Meter! Bei den Römern in der Antike war Neptun der Gott des fließenden Gewässers und des Meeres. Der Künstler Bartolomeo Ammannati hat die Statue mit seinen Gehilfen für den Großherzog Cosimo I. angefertigt. Die Florentiner haben diesen ›Neptun‹ eigentlich nie gemocht«, setzte Pollina fort. »Als der Brunnen im Jahr 1566 den Einwohnern zum ersten Mal gezeigt wurde, meinten sie: ›Ammannato, Ammannato, che bel marmo hai rovinato!‹ Also in etwa: ›Ammannato, Ammannato, wie hast du diesen schönen Marmor verschandelt!‹«

»So schlecht ist die Statue doch gar nicht«, protestierte Pollino. »Nein?«, erwiderte Pollina. »Dann lass uns mal zur ›Loggia dei Lanzi‹ hinübergehen. Dort stehen wahre Meisterwerke der Bildhauer-Kunst. Kein Vergleich mit dieser Arbeit von Bartolomeo Ammannati!« Für Pollino kannte sich kein Mädchen so gut in Kunstgeschichte aus wie seine Schwester. Respektvoll folgte er Pollina über den Platz zur »Loggia dei Lanzi«.

Die **»Loggia dei Lanzi«** 5 wurde Ende des 14. Jahrhunderts errichtet. Bei öffentlichen Staatshandlungen wie Vereidigungen und bei Empfängen wichtiger Gäste standen unter der »Loggia« die höchsten Vertreter der Stadt und der Kirche. Die Bezeichnung »Loggia dei Lanzi« erhielt die Bogenhalle im 16. Jahrhundert. In dieser Zeit diente die »Loggia« der Leibgarde von Cosimo I. als Wachraum. In der Privatarmee des Großherzogs dienten Soldaten aus der Schweiz und Deutschland. Deren deutsche Bezeichnung »Landsknechte«

Die Loggia dei Lanzi

übersetzten die Florentiner mehr schlecht als recht in »lanzi chenecchi«, was wiederum der »Loggia« ihren Namen »Loggia dei Lanzi« verlieh *(»Loggia«, s. Begriffserklärungen).*

Heute ist die »Loggia dei Lanzi« eine Art Kunstmuseum im Freien. In der Bogenhalle befinden sich Statuen aus der römischen Antike sowie Werke von Florentiner Bildhauern aus dem 16. Jahrhundert. Besonders schön sind die Perseus-Statue von Benvenuto Cellini und die Figurengruppe »Raub der Sabinerinnen« von Giambologna. Um ihre Kunstfertigkeit in vollem Maß bewundern zu können, solltet ihr ganz nah an diese Figuren herangehen.
Die Bronzestatue von Cellini am Rand der »Loggia« (wenn ihr vor der »Loggia« steht, auf der linken Seite) stellt Perseus mit dem Haupt der Medusa dar. Perseus und Medusa sind Gestalten aus der griechischen Sage. Stolz hält der Halbgott Perseus das Haupt der schrecklichen Göttin Medusa in die Höhe. Medusa herrschte als Ungeheuer im Meer und galt als unbesiegbar. Mit ihrem Blick konnte sie alle Feinde und Gegner zu Stein erstarren lassen. Trotzdem gelang es Perseus, die Furcht erregende Medusa zu überlisten und zu töten. Angeblich hat der Medici Cosimo I. diese Statue anfertigen und hier aufstellen lassen, um damit seine Feinde zu warnen. Wie Medusa würden sie ein schreckliches Ende finden.

Die Figurengruppe »Raub der Sabinerinnen« (rechts, am Rand der »Loggia«)

zeigt eine junge Sabinerin in dem Augenblick, als sie von zwei Männern geraubt und entführt wird. Die Geschichte vom Raub der Sabinerinnen ist eng mit der Sage um die Gründung von Rom verbunden. Der Stadtvater und Mitbegründer Roms, Romulus, wollte seine junge Stadt bevölkern. Aber es mangelte ihm vor allem an Frauen. Romulus ließ deshalb zahlreiche junge Frauen aus dem Volk der Sabiner entführen und nach Rom bringen. Giambologna hat die Figuren aus Marmor so gestaltet, dass sie von jeder Seite aus betrachtet werden können. Macht die Probe und geht um die Skulptur herum! Habt ihr nicht das Gefühl, die Figuren würden sich mit euch bewegen, euch sogar mit ihren Blicken verfolgen?

Pollino und Pollina entfernten sich von der »Loggia dei Lanzi« und standen nun vor der berühmtesten Statue, die sich auf der »Piazza della Signoria« befindet: Dem ***»David«*** 6 *des Michelangelo. »Der kleine David besiegte mit einem Steinwurf den Giganten Goliath«, erinnerte sich Pollino, »aber dieser David ist selbst ein Riese!« »Dabei hat Michelangelo nur drei Jahre, von 1501–1504, daran gearbeitet«, erwiderte Pollina. »Eine unglaublich kurze Zeit für so eine große Skulptur! Viele hielten den Marmorblock, aus dem die Statue gemeißelt wurde, für ›verdorben‹ und ungeeignet. Nur Michelangelo traute sich, den Block zu bearbeiten. Er war der Ansicht, in jedem Marmorblock schlummere eine Statue, die nur darauf wartet, befreit zu werden.«*

»Um bei der Arbeit nicht beobachtet zu werden, errichtete Michelangelo Holzwände um den Marmorblock«, erläuterte Pollina. »Kaum war der ›David‹ fertiggestellt, prüfte ein hoher Staatsbeamter das Werk. Er sah die riesige Statue und meinte, die Nase wäre zu groß geraten. Wie will er das aus der Entfernung und noch dazu von unten beurteilen können?, dachte sich wütend Michelangelo. Nichtsdestotrotz kletterte er auf dem Gerüst nach oben und tat so, als ob er an der Statue meißeln würde. Dabei ließ er Marmorstaub aus seiner Hand niederrieseln. Der Staatsbeamte zeigte sich nun hoch zufrieden: ›So ist's besser, ihr habt ihm das Leben gegeben!‹, rief er begeistert«, endete Pollino. »Du, Pollina, ist meine Nase in Ordnung?«, fragte Pollino und bog dabei mit dem Daumen seine Nasenspitze nach oben. »Blödmann!«, antwortete Pollina und schubste ihren Bruder scherzhaft zur Seite. Beide mussten kichern.

Ansicht des Palazzo Vecchio

Seit 1873 steht eine Kopie des »David« vor dem »Palazzo Vecchio«. Das Original wurde in das Museum der »Galleria dell'Accademia« gebracht. Damit wollten die Florentiner ihre berühmteste Statue vor Schäden bewahren. Genauso machten sie es mit einer weiteren, sehr bekannten Skulptur zur linken Seite von Michelangelos Statue. Diese Figurengruppe stammt von Donatello und zeigt **Judith und Holofernes** als Bronzefiguren. Judith ist eine junge Heldin aus dem Alten Testament. Sie tötete den General Holofernes, der mit seiner Armee das Volk der Juden vernichten wollte. Auch diese Skulptur von Donatello ist eine Kopie des Originals, das sich im Palazzo Vecchio befindet.

Der »Palazzo Vecchio«

Wie ihr bereits erfahren habt, trug der »Palazzo Vecchio« ursprünglich einen anderen Namen: »Palazzo della Signoria«, also »Palast der Signoria«. Die Florentiner Stadtregierung, die »Signoria«, beschloss im 13. Jahrhundert, einen neuen Regierungssitz zu errichten. Schwierig war nur die Wahl des Standortes. Auf der »Piazza della Signoria« weigerten sie sich zu bauen, denn die siegreichen Guelfen wagten es nicht, an Stelle der abgerissenen Wohntürme und Häuser der Ghibellinen neue Bauten zu errichten. Sie waren der Ansicht, dass die Grundstücke der ghibellinischen Familien nicht unter göttlichem Schutz stehen würden.

Der imposante »Palazzo della Signoria« wurde deshalb nicht auf die »Piazza della Signoria«, sondern an deren Rand gestellt. Im Jahr 1299 begannen die Arbeiten. Man nimmt an, dass der Baumeister Arnolfo di Cambio, der in diesen Jahren auch den Bau des Domes leitete, das neue Rathaus entwarf. Erste Bewohner des »Palazzo« waren die »Signori«, Vorsteher der Zünfte und gleichzeitig Florentiner Stadtregierung. Im 14. und 15. Jahrhundert wurde das Gebäude mehrmals erweitert und umgebaut. Die Zahl der Stadträte erhöhte sich, und deshalb benötigte man größere Versammlungsräume.

10 Jahre nachdem er die Stadtregierung abgesetzt hatte, das war im Jahre 1530, beschloss der Medici Cosimo I., seine Wohnung vom Familienpalast in den »Palazzo della Signoria« zu verlegen. Die Medici residierten darin und ließen die Innenräume mit prächtigen Gemälden und Skulpturen ausschmücken. 25 Jahre später übersiedelte Cosimo I. mit seiner Familie in den »Palazzo Pitti«. Seitdem trägt der Stadtpalast diesen Namen »Palazzo Vecchio«, »Alter Palast«. Auch heute befindet sich das Rathaus und die Stadtverwaltung von Florenz im »Palazzo Vecchio«.

Pollino und Pollina blickten die Mauern des mächtigen Rathauses empor. Oben befand sich ein von Zinnen gekrönter, offener Wehrgang. Darunter waren aufgemalte Stadtwappen an der Fassade zu sehen. »Der Turm des ›Palazzo Vecchio‹ ist 94 Meter hoch«, sagte Pollino voller Bewunderung. »Früher befand sich in der Glockenstube eine große Glocke. Sie läutete bei Feuer, bei Überschwemmungen oder bei feindlichen Angriffen, um die Stadtbewohner vor der drohenden Gefahr zu warnen. Auch die Versammlungen der Stadtregierung wurden mit ihrem Geläut angekündigt.«

»Und was bedeutet der Löwe mit dem Schwanz auf der Turmspitze?«, wollte Pollina wissen. »Das ist der ›Marzocco‹-Löwe. Wie die Lilie ist er ein Wahrzeichen von Florenz. Dort steht übrigens ein besonders schönes Exemplar«, sagte Pollino und zeigte auf die Statue eines Löwen vor dem »Palazzo Vecchio«. In seiner Tatze hielt das Tier das Stadtwappen von Florenz mit der Abbildung einer Lilie. »Der ›Marzocco‹-Löwe soll die Macht und Unabhängigkeit von Florenz versinnbildlichen. Diesen ›Marzocco‹ hat Donatello im Jahr 1420 geschaffen. Schau nur, wie naturgetreu er den Löwen abgebildet hat!« »Seine Gesichtszüge ähneln fast denen eines Menschen«, meinte Pollina.

Über einen schönen Innenhof und eine Treppe gelangt ihr in den ersten Stock des »Palazzo Vecchio«. Dort befindet sich der riesige »Salone dei Cinquecento«, der »Saal der Fünfhundert«. Hier versammelte sich der »Große Rat«, bestehend aus 500 Volksvertretern. Nach der Auflösung dieses Rates benutzte Cosimo I. den Saal zu unterschiedlichen Zwecken: als Empfangsraum, als Regierungs- und Festsaal. Der Großherzog nahm dabei stets an der Stirnseite des Saales Platz. Ihr erkennt die Stelle an der reichen Ausstattung und am erhöhten Podest.

Die Ausmalung der Saaldecke sollte jedem Besucher verdeutlichen, wer der alleinige Herrscher in Florenz ist: In der Mitte könnt ihr sehen, wie Cosimo I. von »Florentia« gekrönt wird. Wie ein König sitzt er auf seinem Thron, umgeben von Engeln und den Wappen der Florentiner Zünfte.

Berühmte Künstler arbeiteten an der Gestaltung des »Saales der Fünfhundert«: Michelangelo, Leonardo da Vinci, Giorgio Vasari und andere mehr. Von Michelangelo ist noch eine Skulptur aus Marmor erhalten. Sie steht in der Mitte der rechten Längsseite und trägt den bezeichnenden Namen »Der Sieger«. Der berühmte Künstler hat die Statue in den Jahren 1533–1534 geschaffen. Ihr könnt einen jungen Mann erkennen, der einen alten Greis zu Boden zwingt. Dabei steht der Jüngling stellvertretend für die Tugend, die das Laster besiegt.

Im Saal der Fünfhundert

An den Längsseiten des Saales befinden sich mehrere Schlachtenbilder des Architekten, Malers und Kunstgeschichtlers Giorgio Vasari. Die Gemälde zeigen die Siege der Florentiner über die toskanischen Städte Pisa und Siena im 16. Jahrhundert. Giorgio Vasari lebte von 1511 bis 1574. Bekannt wurde er vor allem als Verfasser von Biografien, die das Leben und die Kunstwerke berühmter italienischer Künstler beschreiben.

Vom »Saal der Fünfhundert« könnt ihr einen Blick in einen kleinen Raum werfen, der als das »Studiolo« bezeichnet wird. Es war das Arbeitszimmer (auf Italienisch »Studiolo«) von Francesco I., dem Sohn und Nachfolger des Medici-Herrschers Cosimo I. Francesco I. war begeisterter Naturwissenschaftler und sehr an Alchimie interessiert.

Wie etliche seiner Zeitgenossen glaubte er, dass Metalle lebendige Wesen seien. Die »Alchimisten« waren ebenso der Ansicht, dass Metalle wie Lebewesen »gezeugt« werden können – Gold zum Beispiel aus Quecksilber und Schwefel.

Francesco und sein Freund Amerigo

Pollino und Pollina schlenderten durch die Räume im zweiten Stock des »Palazzo Vecchio«. Sie betraten den »Saal der Landkarten«. Die Wandschränke waren mit Landkarten bemalt, die Pollino begeistert studierte. Alle damals bekannten Gebiete der Erde waren darauf eingezeichnet. Besonderen Spaß hatte Pollino an den Tierabbildungen, die bestimmten Ländern zugeordnet waren: Löwen, Elefanten, Kamele und andere Tiere waren zu sehen. Pollina umkreiste einen großen Globus, der in der Mitte des Raumes stand. »Eigenartig«, sagte sie zu Pollino, »ich kann Australien nicht finden.« »Kein Wunder, Australien wurde erst Anfang des 17. Jahrhunderts entdeckt«, erwiderte Pollino. »Und dieser Globus hier ist aber schon im 16. Jahrhundert angefertigt worden.«

»Dann muss aber auf alle Fälle Amerika eingetragen sein«, sagte ein älterer Mann, der das Gespräch von Pollino und Pollina belauschte und plötzlich hinter ihnen stand. »Schließlich hat man Amerika bereits 1498 entdeckt. Es war…« »…Cristoforo Colombo, der auf seiner dritten Seereise die Küste im Norden von Südamerika erreichte«, vervollständigte Pollino den Satz des elegant gekleideten Herrn. »Bravo! Wie ich sehe, haben wir hier einen kleinen Seefahrer vor uns«, sagte der Mann und lächelte. Pollina sah, wie ihr Bruder über das ganze Gesicht strahlte. Sie ahnte, dass sich da eine ungewöhnliche Freundschaft anbahnte.

»Wisst ihr, dass es ein Florentiner war, dem Amerika seinen Namen zu verdanken hat?«, wandte sich der Mann an die Geschwister. Pollino und Pollina schüttelten verneinend den Kopf. »Amerigo Vespucci ist sein Name«, setzte der Italiener fort. »Übrigens war es ein Deutscher, der Amerigo Vespucci im Jahre 1507 zum offiziellen Entdecker des neuen Kontinents machte – fälschlicherweise! Der von Christopher Kolumbus entdeckte Erd-

teil brauchte einen Namen, und dieser Deutsche hat ihn nach dem Vornamen Vespuccis benannt: 'America'. Von da an galt diese Bezeichnung für den gesamten Kontinent, also sowohl für Nord- als auch für Südamerika. Und das, obwohl der gute Amerigo nur Südamerika kannte und den Boden von Nordamerika weder betreten noch gesehen hat. Ach, Amerigo, Amerigo! Er war schon immer ein glückliches Kerlchen!«

Pollino und Pollina wechselten einen kurzen Blick. Der Alte sprach, als ob er diesen Amerigo Vespucci selbst gekannt hätte. »Ihr wundert euch, woher ich das alles über Amerigo weiß?«, fragte der Italiener. »Er war mein bester Freund. Ich mochte ihn, obwohl wir zwei grundverschiedene Menschen waren. Aber ich sollte mich vielleicht erst einmal vorstellen: Francesco Antinori ist mein Name, von Beruf Seidenfabrikant«, sagte der alte Mann und lüftete dabei den Hut auf seinem Kopf. Dann begann Francesco zu erzählen:

»Die Familie von Amerigo und meine Familie stammen aus Mugello, einem Landstrich nicht weit von Florenz. Wir waren beide etwa gleich alt: Amerigo wurde 1454 geboren, ich ein Jahr später. Kennen gelernt haben wir uns auf der Lateinschule in Florenz. Amerigo lud mich im Sommer auf das Burgschloss seiner Eltern ein, wo wir von früh bis spät die tollsten Dinge trieben. Er war der Mutigere von uns beiden. Hatte Amerigo sich mal was in den Kopf gesetzt, konnte ihn niemand davon abbringen.

Die Vorfahren meiner Familie arbeiteten schon seit Jahrhunderten als Hersteller und Verkäufer von Seide. Wir waren wohlhabend, gehörten aber nicht zu den reichsten Bürgerfamilien in Florenz. Das waren die Medici, die Pitti, die Pazzi ... Mein Vater wollte, dass ich wie er Kaufmann werde. Auf der Schule - heute würdet ihr Grundschule dazu sagen - lernte ich lesen, schreiben und rechnen. Mit 11 Jahren kam ich in eine Rechenschule, die alle besuchten,

die den Beruf des Kaufmannes oder Großhändlers anstrebten. Dort wurde ich in Buchführung, Bruchrechnen, Geometrie sowie Diskont- und Zinsrechnung unterrichtet. Noch heute denke ich mit Grausen an diese Zeit!

Als ich 15 war, wurde ich auf die Lateinschule geschickt. Eigentlich konnte sich das meine Familie nicht leisten. Aber es war der große Wunsch meines Vaters. Das Beherrschen der lateinischen Sprache wurde für die Kaufleute immer wichtiger. Das internationale Geschäft gewann an Bedeutung. Und Urkunden sowie Kaufverträge mit Kaufleuten aus anderen Städten und Ländern wurden in Latein abgefasst.

Nach dem Besuch der Lateinschule bekamen Amerigo und ich verschiedene Arbeitsstellen zugeteilt. Amerigo wurde in einer Bank von Lorenzo de' Medici angestellt. Ich selbst, gerade mal 13 Jahre alt, fing als Lehrling in der Seidenfabrik eines Freundes meines Vaters an. Die Arbeit in einer Seidenfabrik ist ganz schöne Knochenarbeit, kann ich euch sagen! Zuerst wird die Seide auf Spulen gewickelt und dann gesponnen. Um den Seidenleim zu entfernen, wird sie gekocht, schließlich gewebt und gefärbt. Die ganze Werkstatt war voller Schmutz und Gestank! Die Spezialität meiner Seidenfabrik war schwarze Seide. Sie diente vor allem dazu, Witwen, Geistlichen und Beamten Stoff für ihre Kleidung zu liefern. Aber das Geschäft war hart, und die Konkurrenz groß: Damals gab es immerhin über 80 Seidenwerkstätten in Florenz!

Jedenfalls war ich froh, als ich in die Auslandsniederlassung der Seidenfabrik nach Paris geschickt wurde. Mir ging es prächtig, auch weil mein Gehalt wegen des Auslandsaufenthalts erhöht wurde. Es tat mir nur Leid, dass ich den Kontakt zu Amerigo verlor. Ab und zu schrieben wir uns Briefe, die aber immer seltener wurden. Ich erfuhr, dass Amerigo eine Stelle in einer Medici-Bank in der spanischen Stadt Sevilla bekam. Er machte schnell Karriere und wurde Bankdirektor. Eines Tages lernte Amerigo den Seefahrer und Entdecker Cristoforo Colombo kennen, der nach Geldmitteln für seine See-

reisen suchte. Amerigos Bank bezahlte einen Großteil der Kosten der dritten Seereise von Cristoforo Colombo, auf der er Südamerika ausfindig machte. Aber Amerigo war zu ehrgeizig, um nicht selbst auf Entdeckungsreise zu gehen. 1499, also ein Jahr nach Beginn einer weiteren Reise von Cristoforo Colombo, stach auch er in See. Es war die erste einer Reihe von Seefahrten, die Amerigo bis an den Amazonas und an die Küste von Mittel- und Südamerika brachten. In Büchern beschrieb er ausführlich die dortige Landschaft mit ihrer Flora und Fauna, die Menschen und ihre Lebensweisen. Also so ganz unverdient trägt Amerika nicht den Namen meines teuren Freundes Amerigo!«

»Habt ihr euch jemals wieder getroffen?«, wollte Pollino nach dieser langen Erzählung von Francesco wissen. »Leider nicht«, antwortete Francesco. »Amerigo wurde spanischer Staatsbürger und verstarb im Jahr 1512 in Sevilla. Ich selbst verbrachte noch zwei Jahre in Paris und übernahm dann die Seidenfabrik meines Vaters. Der Aufenthalt in Frankreich blieb meine einzige Auslandsreise - Schade! Um mich zu trösten, besuche ich jeden Tag diesen Saal und träume von all den fremden Ländern und Menschen, die Amerigo auf seinen Seereisen begegnete.« Francesco berührte dabei den Globus und gab ihm einen Stoß. Der Globus drehte sich immer schneller um die eigene Achse. Pollino und Pollina hatten den Eindruck, der Globus würde jeden Augenblick davon schweben. Plötzlich stoppte die Kugel. Als die Geschwister zu Francesco aufschauten, war der Italiener spurlos verschwunden.

Die schönsten Florentiner Stadtpaläste – Vom »Bargello« zum Palazzo Davanzati

Der weitere Rundgang durch das mittelalterliche Florenz führt euch vom »Palazzo Vecchio« über die »Via della Nimma« in die **»Via dei Leoni«**. 9 Diese »Straße der Löwen« erhielt ihren Namen im 14. Jahrhundert, als hier die Löwenzwinger der Stadt aufgestellt wurden. Die Florentiner konnten somit den »Marzocco«-Löwen nicht nur als Statue oder auf Gemälden bewundern, sondern auch als lebendes Tier. Bis zu 24 Löwen befanden sich in den Käfigen, einige von ihnen wurden sogar in Florenz geboren. Drei Wärter hatte die Stadtregierung angestellt, um die Tiere zu versorgen. Die Löwen waren der Stolz der Bürger von Florenz. Sie strahlten Macht und Kraft aus: Eigenschaften, die auch ihre Stadt nach außen demonstrierten sollte. Nicht zufällig war der Löwe das Wappentier der Stadtrepublik von Florenz.

Der »Bargello« 10

Am Ende der »Via dei Leoni« beginnt die »Piazza di San Firenze«. Hier steht der »Palazzo del Podestà«, von den Florentinern kurz »Bargello« genannt. Er ist zwar kleiner als der »Palazzo Vecchio«, wurde aber noch vor diesem errichtet. Bereits 1255 begann man mit den Bauarbeiten, an denen wiederum der Baumeister Arnolfo di Cambio beteiligt war. Das wie eine Burg errichtete Gebäude diente zunächst als Regierungssitz und Versammlungsort des Stadtrates.

Wie ihr bereits in der »Kleinen Geschichte« erfahren habt, wurde die Stadtregierung damals von einem so genannten »Volkshauptmann« und einem »Podestà« angeführt. Und nach Letzterem benannten die Florentiner den neuen Stadtpalast: »Palazzo del Podestà«.

Im 14. Jahrhundert wurde der »Palazzo« umgebaut und vergrößert. Die Regierung der Stadt lag nun in den Händen der »Priori«, der Zunft-Vorsteher. Diese hatten jedoch den »Palazzo della Signoria« zu ihrem neuen Regierungssitz gemacht. Nach dem Umzug der Stadtregierung wurde der »Palazzo del Podestà« als Gerichtsgebäude und Gefängnis genutzt. Seit dem 16. Jahrhundert residierte in den Räumen des Stadtpalastes der Polizeihauptmann, kurz »Bargello« genannt. Bei den Florentinern war der »Bargello« wegen seiner grausamen Strafen sehr gefürchtet.

»Siehst du die Fenster dort oben?«, fragte Pollino, der mit seiner Schwester vor dem hohen Eckturm des »Palazzo del Podestà« stand. »Da wurden Verurteilte in Eisenkäfigen aufgehängt und dem Volk zur Schau gestellt«, erklärte Pollino. »Wenn ein Gefangener aus dem Gefängnis entkommen konnte, ließ der ›Bargello‹ den Entflohenen auf die Mauern des Turmes malen - an den Füßen aufgehängt und mit dem Kopf nach unten! Wie ein gemalter Steckbrief!«, sagte Pollino, während er sich der Turmmauer näherte und nach Spuren dieser alten Abbildungen forschte. Pollina schauderte es bei dem Gedanken an diese grausamen Polizeimethoden.

Der Bargello

»Immer wenn ein Verhör stattfand oder ein Todesurteil ausgesprochen wurde, läutete in diesem Turm eine Glocke«, sagte Pollino. »Übrigens

auch am Abend zum Zapfenstreich, wenn alle Einwohner in ihre Häuser zurückkehren mussten. Wen die Polizei danach erwischte, dem wurde die Hand abgeschlagen!« »Jetzt hör aber auf mit diesen Geschichten!«, empörte sich Pollina. Sie hatte genug von diesem makabren Zeug. »Beruhige dich!«, antwortete Pollino. »Den »Bargello« und seine Polizei gibt es schon lange nicht mehr. Großherzog Peter Leopold ließ im 18. Jahrhundert alle Folterwerkzeuge vernichten und schaffte die Todesstrafe ab. Mittlerweile befindet sich hier ein berühmtes Museum, das »Museo del Bargello««. »Na, das hört sich doch schon viel besser an«, erwiderte Pollina zufrieden (mehr zum »Museo del Bargello« erfahrt ihr im Kapitel »Museen« S. 131-132).

Direkt gegenüber des »Palazzo del Bargello« führt die enge »Via della Condotta« zur »Via dei Calzaiuoli«, der »Straße der Strumpfwirker«. Vom 14. bis zum 16. Jahrhundert gab es hier zahlreiche Werkstätten und Geschäfte für die damals üblichen langen Strümpfe. Diese »Strumpfhosen« wurden von Männern getragen. Heute verbindet die »Via dei Calzaiuoli« die zwei schönsten Plätze von Florenz, den Domplatz und die »Piazza della Signoria«. Geschäfte aller Art und Souvenirläden säumen die geradlinige, zur Fußgängerzone erklärte Straße. Von den Strumpfwirkern ist keiner mehr übrig geblieben - nur noch der Straßenname.

Die Kirche »Orsanmichele« 

In der »Via dei Calzaiuoli« solltet ihr euch die Kirche »Orsanmichele« genauer ansehen. Bereits im 8. Jahrhundert hat es an dieser Stelle eine kleine Kirche gegeben, die dem heiligen Michael geweiht war (der vollständige Name von »Orsanmichele« lautet »Orto di San Michele«, was in etwa mit »Gemüsegarten von Sankt Michael« übersetzt werden kann!) Im 13. Jahrhundert wurde diese Kirche zerstört. Die Stadtregierung ließ auf den Mauerresten von »Sankt Michael« ein zweistöckiges Bauwerk errichten. Im Erdgeschoss dieses Gebäudes befand sich eine offene Markthalle für die Händler und darüber ein weiträumiger Lagerraum für Getreide. Aber auch dieses Bauwerk wurde zu Beginn des 14. Jahrhunderts durch einen Brand dem Erdboden gleich gemacht. Nur ein Steinpfeiler mit dem Bild der Mutter Gottes blieb übrig. Ein Wunder, meinten die Florentiner, und verehrten

An Orsanmichele gibt es interessante Skulpturen.

Orsanmichele – von der Markthalle zur Kirche

dieses Bildnis von nun an als Gnadenbild. Die Halle und der Getreidespeicher wurden in den Jahren 1336–37 wieder aufgebaut. Im Erdgeschoss betrieben die Händler weiterhin ihre Geschäfte. Aber immer mehr Gläubige kamen in die Markthalle, um das wundertätige Bild der Madonna anzubeten. So beschloss die Stadtregierung, die Markthalle in eine Kirche umzuwandeln.

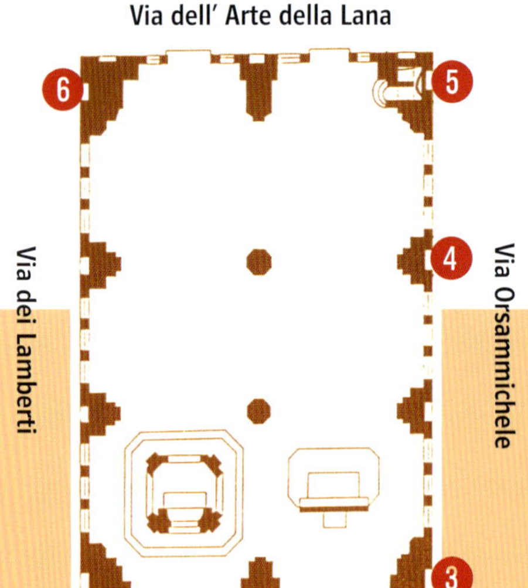

Die offenen Arkaden wurden zugemauert und die Seitenwände mit Fenstern versehen. Zur Verschönerung der neuen Kirche »Orsanmichele« dachte sich die Stadtregierung etwas ganz Besonderes aus: Sie beauftragte die Zünfte, für die Ausschmückung der Fassade zu sorgen. Deren Idee war es, in Nischen lebensgroße Statuen ihrer Schutzheiligen hineinzustellen.

Die »Priori«, die Zunft-Vorsteher, wandten sich für diesen Auftrag an die angesehensten Künstler von Florenz. Sofort entstand ein heißer Wettstreit, wer die schönste Statue herstellen würde. Ihr könnt euch selbst ein Urteil bilden, wenn ihr einmal um »Orsanmichele« herumgeht. In den 14 Nischen stehen die Heiligen-Statuen, angefertigt von berühmten Künstlern wie Ghiberti, Nanni di Banco, Baccio da Montelupo, Giambologna.

Besonders gelungen ist die Figurengruppe von Andrea Verrocchio. Sie stellt Christus mit dem Ungläubigen Thomas dar. Im Neuen Testament steht, dass der junge Thomas, einer der 12 Apostel, an der Wiederauferstehung von Christus zwei-

Die Skulpturen von Orsanmichele (außen)

1. **Christus und der Ungläubige Thomas**
2. **Heiliger Lukas**
3. **Heiliger Petrus**
4. **»Vier gekrönte Heilige«**
5. **Heiliger Georg**
6. **Heiliger Markus**

felte. Daraufhin forderte Jesus Thomas auf, die Hände in seine Wunde zu legen. Diese Szene hat Verrocchio meisterhaft dargestellt. Die Skulptur wurde im Jahr 1483 für die »Zunft der Richter und Notare« angefertigt.

Auch auf die Marmorgruppe der »Vier gekrönten Heiligen« von Nanni di Banco sollt ihr einen Blick werfen. Hier sind die Märtyrer Kastorius, Sempronianus, Nikostratus und Simplicianus zu sehen. Sie alle waren Steinmetze und starben als Märtyrer unter dem römischen Kaiser Diokletian. Sie hatten sich geweigert, Abbildungen von römischen Göttern zu meißeln. Die vier wurden schließlich zu Schutzpatronen der Steinmetze, Maurer und Zimmerleute. Deshalb ließen die Mitglieder der »Zunft der Steinmetze und Zimmerleute« diese Statuen anfertigen und hier aufstellen.

Piazza della Repubblica – 12 Auf dem Platz des antiken Forum von »Florentia«

Pollino und Pollina gingen rechts an der Kirche »Orsanmichele« vorbei und erreichten über die »Via Calimala« die weiträumige »Piazza della Repubblica«. Bis zum Ende des 19. Jahrhunderts war hier der wichtigste Marktplatz von Florenz. Dann beschlossen die Stadtplaner, den »Mercato Vecchio«, den »Alten Markt«, aufzugeben und die umliegenden mittelalterlichen Stadthäuser und Kirchen abzureißen. An ihrer Stelle wurden große Stadtpaläste errichtet, die den rechteckigen Platz heute säumen. Die Geschwister standen mitten auf der Piazza unter einer Säule. Während Pollino interessiert die eleganten Kaffeehäuser unter den Laubengängen betrachtete, sagte Pollina: »Genau hier kreuzten sich der ›Cardo‹ und der ›Decumanus‹.« »Was plapperst du da?«, fragte Pollino.

»Du hast schon wieder das Kapitel über die Geschichte von Florenz vergessen, stimmt's?«, meinte Pollina. »Als Florenz noch eine römische Kolonialstadt war, gab es zwei wichtige Verbindungsstraßen: von Nord nach Süd den ›Cardo‹ und von West nach Ost den ›Decumanus‹. Und die trafen genau hier, wo heute diese Säule steht, zusammen. Früher war auf dieser Piazza das Forum, er war der schönste Platz im antiken Florenz, von herrlichen Tempeln und vielen Statuen umgeben.« »Ich sehe weit und breit nichts von antiken Bauten«, meinte Pollino. »Ja, leider!«, erwiderte Pollina. »Nur noch diese Statue auf der Säule erinnert an die römische Vergangen-

heit von Florenz. Sie stellt Florentia, die römische Göttin der Vegetation dar. Und Florentia …« »… war der Stadtname von Florenz in der Römerzeit«, führte Pollino den Satz zu Ende.

»Aber um ehrlich zu sein, Pollina, mich interessiert die Gegenwart im Moment viel mehr. Vor allem die Kaffees und Bars dort drüben! Ich kann den Geruch von Gebäck und Kuchen bis hierher riechen: Cornetti, Paste, Torte … mmmh! Und wenn ich an die leckeren Brötchen denke, die ›Panini‹, belegt mit Prosciutto, Salami, Mozzarella…« »Schon gut! Schon gut!«, unterbrach ihn Pollina, die sich über die plötzlichen Italienisch-Kenntnisse ihres Bruders wunderte. Keinen Schimmer von Geschichte, aber beim Essen ein wahrer Fachmann - typisch Pollino! Die Geschwister überquerten die »Piazza della Repubblica« und betraten eine Bar.

Palazzo Strozzi und Palazzo Davanzati: Wohnen im 14. und 15. Jahrhundert

Nur wenige Meter von der »Piazza della Repubblica« entfernt liegt der **Palazzo Strozzi**. 13 Er ist der schönste Stadtpalast, der im Baustil der Renaissance in Florenz errichtet wurde. Obwohl bereits 1489 mit dem Bau begonnen wurde, konnte der Palazzo erst 1536 fertiggestellt werden. Während das Erdgeschoss mit nur wenigen Fenstern ausgestattet ist, könnt ihr in den beiden Obergeschossen mehrere Zwillingsfenster erkennen. Sie weisen die für den Renaissance-Stil typische Umrahmung mit Rundbögen auf. Seht ihr die Ringe an der Außenwand des Stadtpalastes? Hier konnten die Florentiner ihre Pferde anbinden. Und wenn ihr die eisernen Fackelhalter genauer anschaut, blicken euch Drachen, Hunde und Löwen entgegen!

*Pollino und Pollina waren neugierig, wie ein Florentiner Stadtpalast von Innen aussah. Die Gelegenheit eines Besuchs hatten sie gleich in der Nähe. Die Geschwister bogen nach der Via Monalda links ab und gingen zur »Piazza dei Davanzati«. Dort stand der **»Palazzo Davanzati«**, 14 ein Familienpalast, der für einen reichen Wollhändler im 14. Jahrhundert gebaut wurde. Pollina wusste, dass die Räume des Palastes mittlerweile zu einem Museum gehörten und besichtigt werden konnten. »Im ›Museo della Casa Fiorentina‹ können wir sehen, mit welchem Luxus sich eine reiche Familie im 14. und 15. Jahrhundert umgeben hat: Gemälde, Porzellan, Wandteppiche, Stickereien … Du wirst staunen!«,*

Palazzo Strozzi

Palazzo Davanzati

schwärmte Pollina. Als Pollino mit seiner Schwester die Säle und Zimmer des Stadtpalastes besichtigte, musste er Pollina Recht geben. Die Räume waren tatsächlich wunderschön mit Fresken und herrlichen Kunstwerken ausgestattet. »Das war der Empfangssaal«, sagte Pollina, als sie sich in einem großen Raum im ersten Stock des Stadtpalastes befanden. »Hier wurden die Gäste empfangen und prächtige Familienfeste veranstaltet. Um den festlichen Charakter des Saales nicht zu verunstalten, hat man die Schränke hinter Wandstoffen versteckt. Siehst du das Bild dort drüben?« Pollina wies auf ein kleines, rundes Gemälde an der Wand. »So haben Kinder im 15. Jahrhundert in Florenz auf der Straße gespielt.«

Pollino schaute genauer hin und entdeckte im Hintergrund einen kleinen Affen, der auf einer Fahnenstange des Palastes saß.

»Einfach riesig!«, rief Pollina aus dem Nebenzimmer, der »Sala dei Papagalli«. »Alles voller Papageien!«, sagte Pollino erstaunt, als er das ehemalige Speisezimmer des »Palazzo Davanzati« betrat. Eine Wand des Zimmers war mit vielen kleinen exotischen Vögeln und Papageien bemalt. »Sag mal, gab es außer diesen Prachtsälen auch normale Zimmer: Schlafzimmer, Toiletten, Küchen ...«, wollte Pollino wissen. »Sicher!«, antwortete Pollino. »Die Schlafräume und ein kleines Klosett befanden sich im hinteren Teil des Palastes. Und gekocht wurde ganz oben, im dritten Stock, damit die Hausbewohner vom Geruch nicht gestört wurden.« Wie kann man nur was gegen Essensgerüche haben, wunderte sich »Feinschmecker« Pollino.

Ein Wildschwein mitten in Florenz: Das »Porcellino«

Ihr nähert euch jetzt dem Ende des ersten Rundganges durch das mittelalterliche Florenz. Vom Palazzo Davanzati führt euer Weg entlang der »Via Porta Rossa« zur **»Loggia del Mercato Nuovo«**. 15 Die offene Bogenhalle wurde in den Jahren 1547–51 errichtet. Früher schlossen hier vor allem Stoffhändler ihre Geschäfte ab. Mittlerweile könnt ihr unter der »Loggia« aber die unterschiedlichsten Artikel kaufen, von kunstvoll gearbeiteten Stickereien über Gürtel und Lederwaren bis hin zu Fahnen und Tüchern. Eine besondere Attraktion in der Verkaufshalle ist der »Porcellino«, die bronzene Statue eines Wildschweins. Seit 1612 steht der »Porcellino« an dieser Stelle und entscheidet über Glück und Unglück – behaupten zumindest die Florentiner!

»Du musst den Rüssel des Wildschweins streicheln. Das bringt Glück!«, sagte Pollino, der mit seiner Schwester vor der Tierstatue stand. »Siehst du, die Stelle ist schon ganz abgewetzt, sie schimmert ganz hell von den vielen Streicheleinheiten. Und wenn du ein paar Cent in das Eisengitter unter dem Wildschwein wirfst, ist es möglich, dass dein Wunsch auf eine baldige Rückkehr nach Florenz in Erfüllung geht.« Das habe ich doch schon mal gehört, dachte sich Pollina, galt das nicht auch beim Trevi-Brunnen in Rom? Da hat wohl einer vom anderen abgekupfert! Pollina warf eine 1-Cent-Münze in das Gitter und wünschte sich nicht nur, wieder nach Florenz reisen zu können, sondern auch ein Medaillon wie das ihrer Großmutter zu finden.

»Und was wünschst du dir?«, fragte Pollina ihren Bruder. »Eine Menge Kohle! Ich bin nämlich wieder mal Pleite!«, antwortete Pollino, der sein ganzes Geld für Kuchen und Cola ausgegeben hatte. »So so, dann stehst du aber auf der falschen Stelle«, meinte Pollina. Sie nahm ihren Bruder bei der Hand und führte ihn zu einer runden Marmorplatte, die im Fußboden der »Loggia« eingemauert war. »Genau hier, auf dieser Platte, mussten sich in Florenz die Bürger stellen, die Bankrott gingen. Die also genauso Pleite waren wie du!«, sagte Pollina und lachte, als sie den verdutzten Gesichtsausdruck ihres Bruders bemerkte.

Von der »Loggia del Mercato Nuovo« ist es nur ein Katzensprung zur »Piazza della Signoria«. Damit ist eure erste Entdeckungsreise durch Florenz beendet. Eigentlich – denn wer noch Kraft und Lust hat, kann anschließend eine der Hauptsehenswürdigkeiten von Florenz aufsuchen: Die »Galleria degli Uffizi«, eine der berühmtesten und ältesten Gemäldesammlungen der Welt. Die »Galleria« befindet sich gleich rechts neben dem »Palazzo Vecchio« in einem langgestreckten Gebäude, den so genannten »Uffizien«. Für eine Besichtigung braucht ihr mindestens zwei bis drei Stunden - also gut überlegen, wann ihr hingehen wollt und vorher Karten reservieren (www.uffizi.org).

Die »Galleria degli Uffizi« - 16 Kunst von Weltruf

Bereits im Jahr 1581 richtete Francesco de' Medici in den Gängen der Uffizien eine Kunstsammlung ein. Ursprünglich hatte dieses Bauwerk sein Vater Cosimo I. als Verwaltungsgebäude errichten lassen, worauf der Name »Uffizi« (italienisch »uffici« heißt zu Deutsch »Büros«) hinweist. Aber Francesco war ein begeisterter Liebhaber und Sammler von Kunstwerken. Die langen Korridore der Uffizien schienen ihm hervorragend geeignet, um darin Gemälde und Statuen auszustellen. Nach dem Niedergang der Medici-Familie vermachte das letzte Familienmitglied die komplette Kunstsammlung der Stadt Florenz.

Seitdem gehört die »Galleria degli Uffizi« zu den wichtigsten Museen der Welt. Jährlich besuchen über 1,6 Millionen Kunstliebhaber die Kunstsammlung an der Piazza della Signoria. Nirgendwo sonst findet ihr einen so guten Überblick über die Geschichte der Malerei in Florenz und der Toskana, von den Anfängen bis zur Kunstepoche der Renaissance.

In den ersten Räumen der »Galleria« habt ihr die Gelegenheit, Abbildungen von Maria, der Mutter Gottes, aus unterschiedlichen Jahrhunderten miteinander zu vergleichen. Besonders beeindruckend ist die »Madonna von Ognissanti«, auch »Thronende Muttergottes« genannt. Das riesige Tafelbild wurde von **Giotto** um 1310 gemalt. Er hat darauf die Madonna (das ist der italienische Name für die Gottesmutter) abgebildet. Als Königin sitzt sie auf einem Thron. Mariendarstellungen dieser Art werden in der Kunstgeschichte als »Maestà«, die »Königliche«, bezeichnet.

Simone Martini hat in seinem Gemälde »Annunciazione« (»Verkündigung«) den Besuch des Erzengels Gabriel bei Maria dargestellt. Das Bild heißt »Verkündigung«, da der Engel Maria ihre Schwangerschaft ankündigt. Simone Martini hat diesen Augenblick sehr feinfühlig festgehalten. Der Engel kniet in einem kostbaren Gewand vor Maria. Sein geknoteter Überwurf, der ein feines Karomuster zeigt, ist noch aufgeworfen vom Schwung des Anflugs. Die ersten Worte des Ave Maria kommen aus seinem Mund. Maria, in ihren blauen Mantel gehüllt, wendet sich erschreckt vom Engel ab. Simone Martini hat dieses Gemälde für den Dom in Siena 1333 gemalt.
Nach den Mariendarstellungen in den ersten Räumen könnt ihr ein weiteres Thema aus der Bibel auf **Gentile da Fabrianos** »Anbetung der Könige« von 1423 sehen. Der Maler hat die Anbetung der heiligen drei Könige zum Anlass genommen, einen festlichen Zug mit all seinem Prunk

und vielen Kostbarkeiten darzustellen. Lasst euren Blick über den Festzug wandern. Habt ihr den Affen entdeckt? Und die Kamele und die Leoparden? Das Gemälde steckt voller Tiere, die sich unter die Reisenden gemischt haben!

Geht ein ganzes Stück weiter und haltet Ausschau nach einem Bild auf dem eine Schlacht zu sehen ist. Ritter mit Rüstungen und langen Lanzen liefern sich ein heftiges Gefecht. Zwei graublaue Pferde samt Reitern sind schon zu Boden gegangen, ein weißes Pferd bäumt sich auf und ein rotes schlägt nach hinten aus. Dieses Bild mit seinen ungewöhnlichen Farben hat den Titel »Die Schlacht von San Romano« und stammt von **Paolo Uccello**. Der Maler hat gleich drei Bilder von dieser Schlacht gemalt und sie hingen alle im Schlafzimmer von Lorenzo dei Medici. Denn sie zeigen eine Schlacht die Florenz gegen Siena und seinen Verbündeten Mailand gewonnen hat.

Folgt nun den Hinweisschildern zu dem Saal mit den berühmten Bildern von **Sandro Botticelli**. Botticelli hieß eigentlich Sandro di Mariano, er wurde von seinen Geschwistern Botticelli, was soviel wie *Fässchen* heißt, genannt. Mit diesem Spitznamen ist er in die Kunstgeschichte eingegangen. Auf seinem Bild »Primavera« könnt ihr auf der rechten Seite die Verwandlung einer Nymphe zur Göttin Flora verfolgen. Ihr erkennt sie an ihrem blumengeschmückten Kleid. Seht euch genau an mit welcher Hingabe und Genauigkeit Botticelli jede einzelne Blume gemalt hat. Ihr könnt jetzt sicher verstehen, warum das Bild »Primavera«, auf deutsch Frühling, heißt. Denn das ist die Jahreszeit in der die Blumen zu blühen beginnen. Aber vielleicht erinnert ihr euch noch daran, dass auch der Name Florenz sich vom lateinischen Wort für Blumen »flores« herleitet. Insofern ist diese Gemälde auch für die Stadt Florenz sehr passend. Botticelli hat es für die Familie Medici gemalt und es hing in ihrem Palast.

Ebenso sein weltbekanntes Werk die »Geburt der Venus«. Es zeigt die Landung der Göttin Venus auf einer Muschel. Windgötter haben sie übers Meer geweht. An Land wird sie von einer Nymphe im Blumengewand empfangen, die einen schützenden Umhang für sie bereit hält. Botticelli war ein sehr phantasievoller

Ein nettes Puzzle: Sandro Botticellis »Geburt der Venus«.

Künstler und hat aus alten Erzählungen völlig neuartige Bilder geschaffen.

Von dem berühmten florentiner Künstler und Naturforscher **Leonardo da Vinci** hängt ein frühes Bild in den Uffizien, zudem euch Hinweisschilder führen. Leonardo hat diese »Verkündigung« um 1475 gemalt als er noch in der Werkstatt seines Lehrers Verrocchio tätig war. Der Besuch des Engels bei Maria spielt sich bei Leonardo vor einer wunderbaren Landschaft ab. Im Hintergrund könnt ihr sogar einen Hafen entdecken.
Sieht nicht jeder einzelne Baum im Hintergrund unterschiedlich aus und ist anders dargestellt - fast so, wie man Menschen abbilden würde? Auch Zypressen, die typischen Bäume der Toskana durften in dieser Baumreihe nicht fehlen. Wundert es einen da, dass sein Lehrer bei so einem begabten Schüler wie Leonardo keinen Pinsel mehr anrühren wollte?

Auch von **Michelangelo,** der Leonardo überhaupt nicht leiden mochte, gibt es ein bedeutendes Werk in den Uffizien.
Ihr könnt es leicht entdecken, denn es ist rund. Es handelt sich um ein sogenanntes »Tondo«. »Die Heilige Familie« ist das einzige Bild, das von Michelangelo auf Leinwand gemalt wurde. Michelangelo hat sich selbst immer mehr als Bildhauer gesehen, auch wenn ihm mit seinen direkt auf die Wand gemalten Fresken in der Sixtinischen Kapelle in Rom ein Meisterwerk gelungen ist. Auch in seiner Farbenpracht und der gedrehten Madonnenfigur ist »Die heilige Familie« einzigartig. Michelangelo wurde zu dieser Komposition von der antiken Skulpturengruppe »Laookon« inspiriert. Sie war gerade in Rom entdeckt worden und beeindruckte den großen Bildhauer Michelangelo stark.

»Die heilige Familie« von Michelangelo

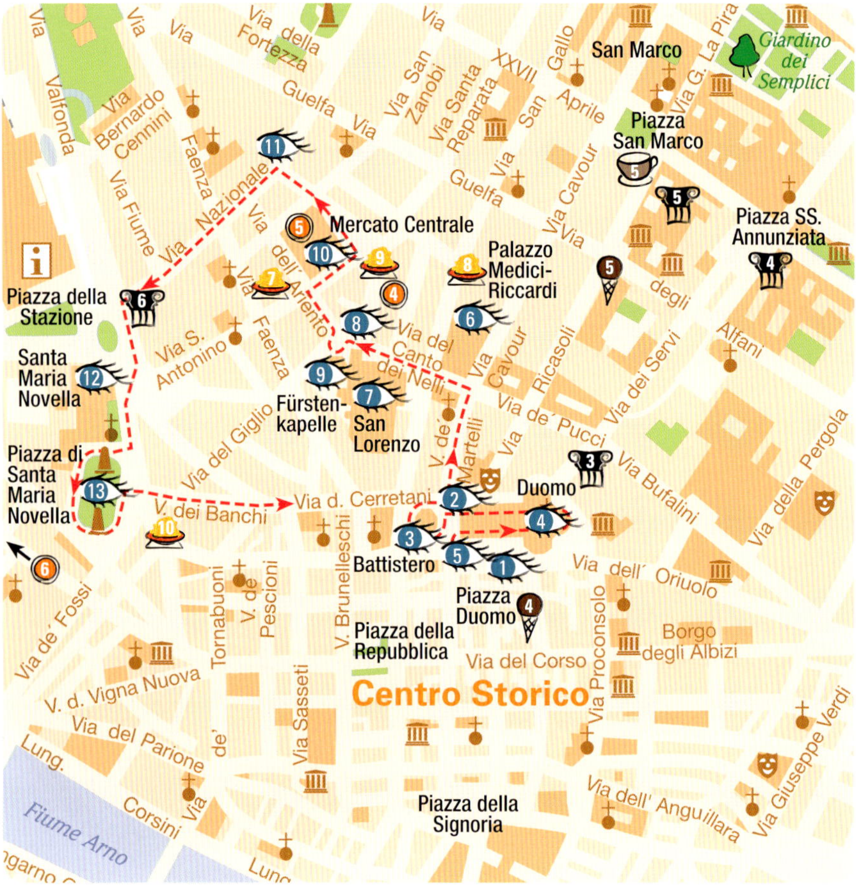

Adressen und Öffnungszeiten S.131-140

3. Museo dell´Opera del Duomo
4. Museo degli Innocenti
5. Galleria dell´Accademia
6. Museo di Storia della Fotografia Alinari

7. Palle d´Oro
8. La Ménagère
9. Zàzà
10. Buca Lapi

Pizzerien

4. Da Garibardi
5. Mercato Centrale
6. Il Vinaino

Cafés

5. Gran Caffè San Marco

4. Carabé
5. Grom

Adressen S.158-159

Herrliche Kirchen und großartige Kunst – Das »schöne« Florenz

Rund um den Domplatz: Piazza del Duomo (1)

Wie soll ich das alles auf's Foto bekommen?, überlegte Pollino, der sich Schritt um Schritt von Pollina entfernte. Er ging rückwärts und kontrollierte dabei das Bild durch den Sucher des Fotoapparates. Pollino befand sich mit seiner Schwester auf dem Domplatz von Florenz. Pollina wollte so fotografiert werden, dass im Hintergrund der Dom in seiner ganzen Größe zu sehen war. Aber die Kirche mit ihrem riesigen Glockenturm reckte sich einfach zu hoch in den Himmel. Pollino entfernte sich immer weiter. Plötzlich stieß er gegen etwas Hartes; Pollino kam ins Stolpern und landete - rumms - auf dem Steinpflaster. Zum Glück konnte er den Fotoapparat rechtzeitig an sich ziehen, während er nach hinten fiel. - Genau auf das Steißbein. Das tat mächtig weh!

Pollina sah, wie plötzlich der Kopf ihres Bruders in der Menschenmenge verschwand. Sie eilte zu Pollino und sah ihn jammernd auf dem Boden liegen. Gleich wollte sie eine witzige Bemerkung machen, aber dann hatte sie doch Mitleid mit Pollino, streichelte ihn und gab ihm ein Küsschen auf die Stirn. »Armer Pollino! Entschuldige, von jetzt an möchte ich nur noch Fotos aus zwei Meter Entfernung!«, sagte Pollina, nun doch mit verschmitztem Unterton.

Der Dom bei Nacht

*»Aber dass du die Säule eines Heiligen rammen würdest, konnte ich wirklich nicht vorhersehen!« »Die Säule eines Heiligen?«, wiederholte Pollino und schaute sich die Säule aus Marmor, die ihn zu Fall gebracht hatte, genauer an. »Und dabei wollte ich dem blöden Ding schon einen Fußtritt verpassen«, sagte Pollino wütend. »Das ist die ›**Säule des heiligen** (2) **Zenobius**‹. Sie steht genau an der Stelle, an der sich vor langer Zeit einmal eine abgestorbene Ulme befand«, erklärte Pollina. »Im Januar des Jahres 429 starb Zenobius, der damalige Bischof von Florenz. Er hatte*

viele Wundertaten vollbracht und war bei der Bevölkerung sehr beliebt. Nach seinem Tod ernannten ihn die Florentiner zu ihrem Stadtheiligen.

Als sein Leichnam an der vertrockneten Ulme vorbeigetragen wurde und die Bahre dabei einen Zweig berührte, da geschah ein Wunder: Die Ulme erblühte von neuem! Zur Erinnerung daran haben die Florentiner dann diese Säule errichtet.«

»Hilft der Heilige Zenobius auch bei einem schmerzenden Hintern?«, brummte Pollino, während er sich das »beschädigte« Körperteil rieb. »Wenn nicht er, vielleicht die heilige Reparata, eine weitere Stadtheilige von Florenz«, meinte Pollina. »Hat Florenz zwei Stadtheilige?«, fragte Pollino erstaunt. »Noch mehr!«, erwiderte Pollina. »Eigentlich ist die Entstehungsgeschichte des Domplatzes eine Geschichte der Florentiner Stadtheiligen. Den heiligen Zenobius hast du jetzt bereits kennen gelernt. Er wurde im 5. Jahrhundert in der Kirche Santa Reparata beigesetzt. Wie der Name schon sagt, war diese Kirche der heiligen Reparata geweiht, der ersten Stadtheiligen von Florenz. Reparata starb im Alter von 12 Jahren für ihren christlichen Glauben. Sie stammte aus Palästina und wurde im 3. Jahrhundert unter dem römischen Kaiser Decius getötet.«

»Die Kirche Santa Reparata war der erste Dom von Florenz«, setzte Pollina fort. »Auf ihren Mauerresten steht der - gewaltige - neue Dom, den wir heute bewundern können.« ... Und der eindeutig zu groß für jedes Foto ist, dachte Pollino bei sich. Langsam ließen seine Schmerzen etwas nach. »Nach dem Bau der Kirche Santa Reparata wurde im 7. Jahrhundert das Baptisterium errichtet. Das Baptisterium entstand als Taufkirche. Diese wurde Johannes der

Die Florentiner Stadtheiligen: Johannes (links), die heilige Reparata und der heilige Zenobius

Täufer geweiht. Die Florentiner erwählten nun auch Johannes zum Schutzpatron ihrer Stadt.

»Und damit wären wir bei drei Stadtheiligen, stimmt's?«, warf Pollino ein. »Richtig!«, erwiderte Pollina. »In den folgenden Jahrhunderten wurde der Domplatz bebaut. Auf den Platz zwischen Dom und Taufkirche stellte man Häuser, Läden und sogar ein kleines Spital. Im 14. Jahrhundert bekam die Piazza dann ihr heutiges Aussehen: Die Gebäude zwischen Dom und Baptisterium wurden allesamt abgerissen, damit die schöne Kirche und das Baptisterium besser zur Geltung kommen.«

Links, das Baptisterium

Das Baptisterium San Giovanni 3

Der Domplatz besteht genau genommen aus zwei Plätzen: Der »Piazza del Duomo«, dem Platz direkt um den Dom herum; und der »Piazza San Giovanni«, auf der sich das Baptisterium des heiligen Johannes befindet. Diese erste Taufkirche von Florenz wurde auf den Resten eines antiken römischen Gebäudes errichtet. Mitte des 12. Jahrhunderts war der ungewöhnliche, achteckige Bau fertig gestellt. In der Folgezeit wurde das Baptisterium von berühmten Künstlern sowohl außen als auch innen weiter verschönert.

Besondere Bedeutung kam der Gestaltung der drei Portale mit ihren schweren Flügeltüren zu. Kirchen betrachtete man im Mittelalter als »Himmelsstadt«. Die Eingangstüren waren die »Himmelstüren«, die von der irdischen Welt in das Reich Gottes führen.

In den Jahren 1330-1336 wurde die Bronzetüre des heutigen Südportals angefertigt. Der Künstler Andrea Pisano schmückte sie mit vielen Reliefs (siehe Begriffserklärungen!), die Szenen aus dem Leben von Johannes dem Täufer darstellen. Zu Beginn des 15. Jahrhunderts wurde der Auftrag für eine zweite Bronzetür erteilt. Durch diese Tür des Nordportals betretet ihr die Taufkirche. Wie die erste Eingangstüre sollte auch diese Türe des Nordportals mit Reliefs verziert werden. Aber wer war in der Lage, Reliefs so schön zu gestalten? Man schrieb einen Wettbewerb aus, bei dem die besten Künstler von Florenz Entwürfe einreichen konnten. Sechs berühmte Künstler, unter anderem Filippo Brunelleschi und Donatello, beteiligten sich daran. Doch das Rennen machte ein bisher unbekannter: Der junge, erst 23-jährige Lorenzo Ghiberti.

Im Jahr 1403 begann Ghiberti mit der Arbeit an den Bronze-Reliefs. Der Künstler wollte das Leben von Christus sowie der vier Evangelisten erzählen. Besonders gelungen ist die Darstellung, in der Christus über das Wasser geht. Ihr findet diese Szene auf dem ersten Relief von rechts in der vierten Reihe von unten.

Wer neugierig ist, wie Lorenzo Ghiberti ausgesehen hat, sollte sich die kleinen Köpfe auf den Querleisten der Tür genauer anschauen. Der zweite Kopf von rechts, in der vierten Reihe von unten, das ist Lorenzo Ghiberti, der Erschaffer dieser großartigen Kunstwerke. Er porträtierte sich nicht nur hier. Auch auf dem Ostportal ist er zu sehen - vielleicht findet ihr ihn! *(Ein kleiner Tipp: Sucht nach einen etwa 50-jährigen Mann mit schütterem Haar!)*

Ghiberti gestaltete nun auch das Ostportal, die dritte Tür des Baptisteriums. Es ist für viele das Schönste von allen - auch für Michelangelo: »Dieses Portal ist so schön, dass es auch die Pforte zum Paradies sein könnte«, meinte er. Lorenzo Ghiberti arbeitete an der »Paradiestür« - wie das Ostportal bis heute auch genannt wird - über 26 Jahre lang, von 1426-1452. Auf den Reliefs des Portals sind Szenen aus dem Alten Testament zu sehen.

Im Vergleich zu den Darstellungen auf den anderen Flügeltüren der Taufkirche sind hier die Reliefs viel feiner und inhaltsreicher gearbeitet. Erstmals sind darauf im Hintergrund auch zahlreiche Tiere, Pflanzen und Wolken abgebildet. Zudem könnt ihr auf einem einzigen »Relief-Bild« gleich mehrere Geschehnisse erkennen. Durch die unterschiedliche Größe und Hervorhebung der Figuren - im Vordergrund groß und hoch, im Hintergrund klein und flach - sind die Szenen sehr räumlich. Obwohl es sich um nur wenige Zentimeter dicke Darstellungen handelt, habt ihr beim Betrachten das Gefühl, Menschen, Landschaft und Gebäude würden einen tiefen Raum bilden.

Pollino und Pollina betraten die Taufkirche durch das Nordportal. Pollina war gerade dabei, zwei Eintrittskarten zu kaufen, als ihr Bruder sie aufgeregt am Arm zupfte. »Löwenköpfe! Überall Löwenköpfe!«, rief Pollino und zeigte auf die Innenseiten der Flügeltüren des Portals. Pollino zählte begeistert 28 kleine Tierköpfe aus Bronze. Pollina ging inzwischen zur Mitte der Taufkirche und ließ ihren Blick nach oben wandern. Dort blickte ihr das Gesicht einer riesigen Jesus-Figur entgegen. »Umwerfend, was!«, sagte Pollina zu ihrem Bruder, der ebenso staunend das Kuppelmosaik des Baptisteriums betrachtete. Über den Köpfen der Geschwister war Christus in einer 8 Meter großen Abbildung dargestellt. »Siehst du, er sitzt auf einem Thron und entscheidet gerade über das Schicksal der Menschen«, begann Pollina das Mosaik zu deuten. »Gezeigt wird das ›Jüngste Gericht‹. Mit der rechten, geöffneten Hand begrüßt er die Menschen, die in das Paradies aufgenommen werden. Und mit der linken, nach unten gerichteten Hand, schickt er die Verdammten in die Hölle.«

»Die Mosaiken wurden im 13. Jahrhundert von Künstlern aus Venedig angefertigt«, setzte Pollina ihre Erläuterungen fort. »Erinnerst du dich noch an die prächtigen Mosaiken in der Markuskirche in Venedig? Auch in Florenz waren sie bekannt. Deshalb rief man Künstler aus der Lagunenstadt, als es darum ging, die Kuppel auszuschmücken. Später haben aber auch sehr berühmte Künstler aus Florenz an den Mosaiken mitgewirkt. In den unterschiedlich großen, als Ringe angeordneten Bildstreifen siehst du viele Szenen aus dem Alten und Neuen Testament: Die Schöpfungsgeschichte, die Geschichte von Joseph oder auch Szenen aus dem Leben von Johannes dem Täufer. Wie ein Bilderbuch, findest du nicht?«, kommentierte Pollina.

Anstatt zu antworten, blickte Pollino angestrengt um sich. Er schien etwas zu suchen. »Das ist doch eine Taufkirche, oder?«, fragte er und fügte hinzu: »Aber wo ist das Taufbecken?« »Dort hinten!«, antwortete Pollina. Sie führte ihren Bruder zu einem Taufbecken aus Marmor. »Das Becken stammt aus dem 14. Jahrhundert. Noch bis ins 19. Jahrhundert hat man alle Kinder, die in Florenz geboren wurden, im Baptisterium getauft. Im Mittelalter fand in Florenz die Taufe nur zweimal im Jahr statt.«

Ein Selbstportrait von Lorenzo Ghiberti

Ansichten des Doms

»Wie? So viele Kinder – alle zusammen, das Geschrei kann ich mir lebhaft vorstellen!«, witzelte Pollino. »Man kannte auch die genaue Zahl der Kinder, die getauft werden sollten. Für jeden neugeborenen Jungen war eine schwarze, und für jedes neugeborene Mädchen eine weiße Bohne abgegeben worden. Man brauchte also nur die Bohnen zu zählen.«

Santa Maria del Fiore –  Der Dom von Florenz

Gegenüber der Taufkirche erhebt sich die Fassade des prächtigen Domes von Florenz. Als der Grundstein zu dieser Kirche im Jahre 1296 gelegt wurde, wollten die Stadtbewohner »die schönste und ehrwürdigste Kirche in der Toskana« erbauen. 30.000 Menschen sollten nach ihrem Willen in den neuen Dom hineinpassen. Er würde so schön sein, dass er wie ein »Bild des Himmels« erschien. Und er würde allen zeigen, wie reich und mächtig Florenz mittlerweile geworden war. Dabei erinnerten sich die Florentiner an die glorreiche römische Vergangenheit ihrer Stadt, der ehemaligen »Blumenstadt« Florentia. Sie erwählten Maria, die Muttergottes, zur Schutzpatronin der bedeutendsten Kirche in Florenz. Und diese Kirche erhielt von den Florentinern den schmückenden Beinamen: »Heilige Maria der Blume«, auf Italienisch »Santa Maria del Fiore«.

Mit dem Bau von **»Santa Maria del Fiore«** wurde Arnolfo di Cambio beauftragt. Wie ihr bereits erfahren habt, war der römische Bildhauer und Architekt auch für den »Palazzo Vecchio« an der »Piazza della Signoria« verantwortlich. Damit entwarf Arnolfo di Cambio die zwei wichtigsten Gebäude in Florenz: Das neue Rathaus und den neuen Dom. Der Architekt beschloss, die neue Domkirche um die alte Domkirche Santa Reparata herum zu bauen. Eine

kluge Entscheidung, denn die Bauarbeiten an der neuen Kirche gingen nur sehr langsam und mit vielen Unterbrechungen voran. So konnte im alten Dom weiterhin der Gottesdienst stattfinden.

Über fast zwei Jahrhunderte sollten sich die Arbeiten hinziehen. In diesem Zeitraum war der Domplatz eine riesige Baustelle, auf der eine Vielzahl von Maurern, Steinmetzen, Zimmerleuten und Handlangern tätig war. Angeführt wurde diese Schar von einem Baumeister, dem »capomaestro«. Dieser musste alles zur Arbeit erforderliche Material wie Kalk, Sand, Ziegel, Stein oder Holz, organisieren. Am Bau des Domes waren zahlreiche Architekten, Baumeister und bedeutende Künstler beteiligt, unter anderem Giotto und vor allem Filippo Brunelleschi.

Filippo Brunelleschi begann seine Arbeit am Dom im Jahr 1418. Der neue Dom war zu diesem Zeitpunkt fast fertiggestellt, es fehlte nur die Überdachung des Chorraums mit einer Kuppel. Brunelleschi wagte sich an diese riskante Aufgabe. Noch nie zuvor war eine derart große Öffnung, 45 Meter, mit einer Kuppel überspannt worden. Wegen ihrer Ausmaße konnte die Kuppel nicht mit Hilfe eines Holzgerüstes errichtet werden. Aber Filippo Brunelleschi gelang das scheinbar Unmögliche: Im Jahr 1436 vollendete er die Kuppel.
Noch im selben Jahr kam der Papst aus Rom, um den neuen Dom von Florenz einzuweihen - die größte Domkirche, die bis dahin in Europa errichtet worden war!

»Der Dom ist 153 Meter lang und 90 Meter hoch - bis zur Kuppelspitze sind es sogar 107 Meter!«, sagte Pollino, während er und seine Schwester in kleinen Schritten vorwärts gingen. Die Geschwister befanden sich in einer Menschenschlange, die geduldig darauf wartete, in den Dom hineinge-

lassen zu werden. Nur langsam rückten sie vor und näherten sich dem Eingangsportal der Domkirche. Die Außenfassade des Domes war mit schönem Marmor in weißer, roter und grüner Farbe verkleidet. Wie das Baptisterium!, dachte Pollina. Als Pollino und Pollina endlich in den Innenraum von »Santa Maria del Fiore« gelangten, wurden ihnen die riesigen Ausmaße des Florentiner Domes erst richtig bewusst. In der großen Halle verlor sich die Menschenmenge augenblicklich, wurde klein und unbedeutend.

*Pollina blickte sich beeindruckt im Innern der Domkirche um und sagte zu ihrem Bruder: »Früher ging es im Dom viel lebhafter zu. Wusstest du, dass die Menschen herumliefen wie auf einer ›Piazza‹ und sich über Geschäfte, Kriege und andere Dinge unterhielten. Es gab Vorlesungen und Dichterwettstreite. Auch Schulunterricht wurde im Dom gegeben! Und angeblich haben die Florentiner auch ihre Pferde mit in die Kirche genommen. Unglaublich, was?«
Pollina wandte sich an ihren Bruder, doch der war schon auf dem Weg zu zwei Wandbildern im linken Seitenschiff des Doms.*

Grundriss des Florentiner Doms

1 Der Campanile – der Glockenturm
2 Reiterbild des Niccolò da Tolentino
3 Reiterbild des John Hawkwood
4 Kuppel
5 Neue Sakristei
6 Medaillon Giotto
7 Medaillon Brunelleschi
8 Margeriten-Uhr

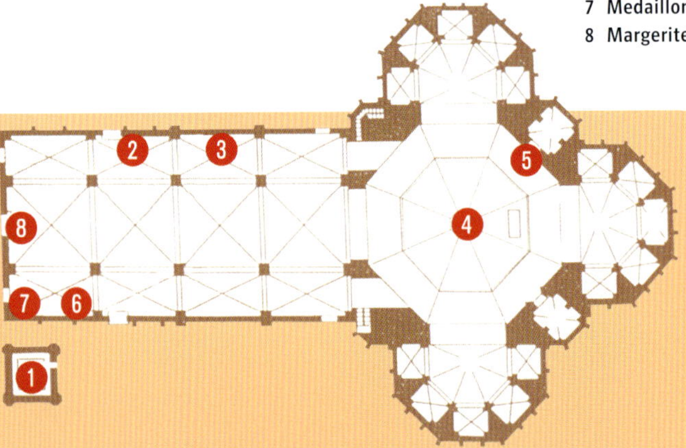

»Du hast es aber eilig!«, meinte Pollina, als sie ihren Bruder erreichte. »Wer sind denn die beiden Reiter auf den Bildern?« »Richtige ›Condottieri‹!«, erwiderte Pollino. »Die ›Condottieri‹ waren Ritter, die eine eigene Armee mit Bogenschützen und Lanzenreitern anführten. Im Kriegsfall wandten sich die italienischen Stadtregierungen, die selbst keine Berufssoldaten hatten, an diese so genannten Söldnerführer. Der links, das ist Niccolò da Tolentino. Er hat mit seinen Soldaten im Jahr 1432 die Stadt Siena, den größten Rivalen von Florenz, besiegt. Und der Ritter rechts daneben, das ist Giovanni Acuto, oder John Hawkwood, wie er mit seinem richtigen Namen hieß.« »Ein Engländer war ›Condottiere‹ in Italien?«, wunderte sich Pollina. »Ja, und einer der besten ... Fast zwanzig Jahre lang stand er mit seiner Armee in den Diensten der Florentiner Stadtregierung und trat aus vielen Schlachten als Sieger hervor«, erklärte Pollino. Mit Rittern kennt sich mein Bruder-Herz echt gut aus!, dachte Pollina bei sich.

Über dem Chorraum von »Santa Maria del Fiore« erstreckt sich in Schwindel erregender Höhe die gigantische Domkuppel.

Der Condottiere John Hawkwood

An der Innenseite ist die Kuppel mit einem Fresko von Giorgio Vasari ausgeschmückt, welches das »Jüngste Gericht« darstellt.

Die »Neue Sakristei« links neben dem Hauptaltar steht im Mittelpunkt einer grausamen Geschichte: Im Jahr 1478 kam es zu einer Verschwörung gegen die mächtige Familie Medici. Ihre ärgsten Feinde, die alteingessene Adelsfamilie der Pazzi, verbündeten sich mit anderen Medici-Gegnern und planten einen Anschlag. Während der Ostermesse im Dom wollten die

Brunelleschi in Stein gehauen - ein Medaillon im Dom von Florenz

Der Dom ragt aus dem Häusermeer

»Pazzi« und ihre Freunde die Medici-Brüder Lorenzo und Giuliano töten. Die Attentäter ermordeten Giuliano de' Medici, aber Lorenzo wurde nur verwundet und konnte sich in die Neue Sakristei flüchten. Die Medici rächten sich bald darauf auf brutale Art und Weise: Neun Verschwörer wurden hingerichtet und die Pazzi-Familie aus der Stadt vertrieben.

Pollino und Pollina gingen die Wand des rechten Seitenschiffes entlang. Pollina machte ihren Bruder auf zwei runde Relieftafeln an der Wand aufmerksam. »Dort sind zwei der größten Künstler, die es in Florenz gab, abgebildet: Giotto und Brunelleschi!«, sagte Pollina. Giotto war auf dem Medaillon zu sehen, wie er gerade an einem Mosaik arbeitete. Ganz anders Brunelleschi: Stolz blickte er seinem Betrachter entgegen.

Bevor die Geschwister den Dom wieder verließen, sahen sie an der Innenfassade, über dem Kirchenportal, eine große gemalte Uhr. Komischerweise bestand das Ziffernblatt von 1 bis 24 aus den weißen Blütenzungen einer Margerite. Die Ziffern verliefen nicht wie bei einer normalen Uhr im Uhrzeigersinn von links nach rechts, sondern entgegengesetzt. Diese seltsame Uhr malte Paolo Uccello (der Künstler, der auch das Portrait von John Hawkwood anfertigte) im Jahr 1443.

Der Glockenturm des Doms. In Italien sind die Glockentürme meist nicht an die Kirche angebaut.

Der Campanile 

Es war Giotto, der den fast 85 Meter hohen Campanile des Domes entwarf. Er gilt als vielleicht der schönste Glockenturm in ganz Italien und wurde im Jahr 1384 vollendet, viele Jahre nach dem Tod von Giotto. Wenn ihr Lust dazu habt, könnt ihr den Campanile besteigen. Von seiner Aussichtsterrasse genießt ihr einen herrlichen Blick über Florenz - aber Achtung: Bis ihr oben angekommen seid, müssen 414 Treppen erklommen werden!

Pollino und Pollina gingen um den Campanile herum. Auf jeder Seite des Glockenturmes konnten die Geschwister zahlreiche Reliefs und Statuen erkennen. Sie wurden von Andrea Pisano im 14. Jahrhundert angefertigt. Die Reliefs umliefen den Campanile in zwei übereinander angeordneten Streifen. Auf der unteren Reihe waren die verschiedensten Berufe abgebildet: »Hier, sieh nur Pollino! Ein Bauer, und da: ein Viehzüchter, ein Schmied, ein Winzer ...«, rief Pollina. »Das gibt's doch nicht! Hier, sogar ein Sterngucker ist zu sehen!«, rief Pollino von der anderen Turmseite. Aufgeregt bog er um die Ecke. Beinahe hätte er dabei eine ältere Frau umgeworfen, die mit Pollina vor einem Relief stand. Verwundert blickte er auf seine Schwester, dann auf die Frau neben ihr. »Das ist Signora Cavalcanti«, sagte Pollina. »Wie wär's, wenn du dich bei ihr erst mal entschuldigen würdest?«

»Äh, Entschuldigung, Signora«, murmelte Pollino verlegen. Aber die Frau war keineswegs böse auf Pollino. Aus ihrem mit vielen Falten überzogenen, braun gebrannten

Gesicht lächelte sie ihm entgegen und sagte: »Keine Ursache! Ich bin zwar schon etwas wackelig auf den Beinen, aber einen kleinen Rempler halte ich schon noch aus. Übrigens: Lass das mal mit ›Signora‹. Ich heiße Francesca!«

Francesca und ihr Sohn Andrea

»Ich habe gerade deiner Schwester erklärt, was auf diesem Relief zu sehen ist«, setzte Francesca fort und wandte sich an Pollino. »Darauf ist eine Frau vor einem Webstuhl abgebildet. Sie webt das Wolltuch bei sich zu Hause in ihrer Wohnung in der Via Maggiore. Neben ihr steht die Arbeitgeberin – Signora Strozzi.« Francesca seufzte auf. Pollino und Pollina wunderten sich: Woher kannte die alte Dame diese vielen Einzelheiten? »Frau Strozzi war ganz schön streng und wollte immer alles kontrollieren«, erzählte Francesca. »Die Weberin, das bin ich – damals natürlich noch viel jünger und schöner!« Verblüfft betrachteten die Geschwister Francesca. Dann schaute sich Pollina die Frau auf dem Relief genauer an und verglich ihre Gesichtszüge mit denen von Francesca. Tatsächlich: Das konnte durchaus Francesca Cavalcanti sein, noch ohne Falten – als junge, hübsche Frau.

»Von Morgengrauen bis Sonnenuntergang musste ich schufften«, berichtete Francesca. »Während ich einen Hungerlohn bekam, wurde die Familie Strozzi immer reicher. Vielleicht habt ihr ja den riesigen Familienpalast der Strozzi, den Palazzo Strozzi, schon gesehen. Kein Vergleich mit meiner Dachwohnung, wo wir zu fünft lebten: Mein Vater, mein Mann, meine beiden Kinder und ich. Zum Glück konnte ich für meine Tochter bald einen Ehemann finden und sie verheiraten. Aber mein kleiner Andrea machte mir große Sorgen. Ich wollte, dass er eine gute Erziehung bekam und einen vernünftigen Beruf erlernte – am besten Kaufmann.«

»Eines Tages nahm ich meine gesamten Ersparnisse und fuhr mit Andrea nach Buggiano, einem kleinen Dorf in der Nähe von Pistoia. Dort kannte ich eine Hebamme, die auch Lehrerin war. Sie konnte meinem Andrea das Lesen und Schreiben beibringen und sich später um seine Ausbildung kümmern. Als ich Andrea in Buggiano zurückließ, war mein Herz schwer wie ein Marmorblock. Gerade mal sechs Jahre alt, musste ich den eigenen Sohn für wer weiß wie lange verlassen. Wenig später teilte mir die Hebamme mit, dass ein wohlhabender Goldschmied bei ihr nachgefragt hätte, ob Andrea in seiner Werkstatt arbeiten könnte. Der Goldschmied wurde auf Andrea aufmerksam, wie er aus Tonerde ein kleines Männchen formte. Andrea hatte schon immer geschickte Hände«, sagte Francesca stolz.

Die Florentinerin forderte die Geschwister auf, sie zu begleiten. Francesca beabsichtigte, gemeinsam mit Pollino und Pollina die Domkuppel zu besteigen. Ihre Geschichte, so sagte sie, hätte mit dem Bau dieser einzigartigen Kuppel zu tun, und so könnten sie vor Ort das Erzählte nachprüfen. Pollino und Pollina hatten nichts dagegen. Für Pollino sollte der Aufstieg zur Domkuppel ein Höhepunkt seines Florenz-Besuches sein. An der Längsseite des Domes reihten sich Pollino und Pollina mit Francesca in die wartende Menschenreihe ein. Während sie sich dem Eingang zum Kuppelaufgang näherten, setzte Francesca ihre Erzählung fort:

»Sicher wisst ihr, wer den Bau der Domkuppel von Florenz geplant hat: Filippo Brunelleschi! Und genau dieser Brunelleschi war es, der meinen Andrea in seine Werkstatt aufnahm. Ist das nicht unglaublich? Andrea hätte keinen besseren Lehrmeister bekommen können! Aber als eines Tages Brunelleschi bei der Hebamme fragte, ob er meinen Sohn adoptieren könnte, wusste ich nicht, ob ich vor Freude lachen oder weinen sollte. Sicher, ich würde Andrea

verlieren. Aber welche Zukunft würde ihm als Adoptivsohn von Filippo Brunelleschi bevorstehen! Nie mehr Hunger leiden zu müssen, in einem schönen Haus leben zu können, mit seiner Arbeit viel Geld zu verdienen – alles Dinge, die ich meinem Andrea niemals hätte ermöglichen können. Und so willigte ich ein – Andrea wurde Brunelleschis Adoptivsohn!«

Nachdem sie die Eintrittskarten gelöst hatten, begannen Francesca und die Geschwister den Aufstieg zur Kuppel. Sie stiegen die Treppe im Innern des Stützpfeilers nach oben. Pollino zählte mit: es sollten 463 Stufen werden! »Macht langsam, Kinder!«, keuchte Francesca. »Sonst geht es euch wie dem alten Baumeister Giovanni d'Ambrogio, der entlassen wurde, weil er diese Treppe hier nicht mehr hochsteigen konnte. Das geschah im Jahr 1418, und als Nachfolger wurde Filippo Brunelleschi eingestellt«, sagte Francesca, als sie mit den Geschwistern aus dem Treppenhaus in eine schmale Galerie trat. Von hier hatten sie einen herrlichen Blick auf das Innere des Florentiner Domes.

»Wir befinden uns gerade auf dem Tambour des Domes. Der Tambour ist eine Art Mauerring, der auf den Zentralbau des Domes gesetzt wurde. Wie ein Sockel stützt der Tambour die riesige Kuppel. Seht ihr, hier beginnt die Kuppelwölbung. Bis zur Fertigstellung des Tambours war der Bau des Domes ohne Probleme verlaufen.

Als aber die Herren der Wollhändler-Zunft, die die Bauarbeiten überwachten und bezahlten, vor dieser riesigen Öffnung standen, wurde ihnen mulmig zumute: Wie soll eine Kuppel ein derartiges Loch von 45 Metern Durchmesser überspannen können?, überlegten sie ratlos. Wie sollte diese Kuppel abgestützt werden? Vielleicht mit einem gigantischen Holzgerüst? Aber das erwies sich als unmöglich!«

»Ein Wettbewerb sollte Antworten auf diese Fragen liefern. Sechs Wochen hatten Baumeister und Architekten, Zimmerleute und Steinmetze Zeit, einen Bauplan für die Hauptkuppel des Domes einzureichen. Aber was erzähle ich euch denn? Den

Gewinner kennt ihr ja schon! Filippo Brunelleschi wurde zum ›capomaestro‹, also zum Baumeister des Domes, ernannt. Am 7. August 1418 konnte der Bau der Kuppel beginnen. Unzählige Steinmetze, Maurer und Handwerker warteten auf diesen Moment. Aber vor ihnen standen 16 lange, anstrengende Jahre auf der ›Baustelle Domkuppel‹.«

Mit diesen Worten führte Francesca die Geschwister zu einer kleinen Tür an der Innenseite der Kuppel. Sie gingen hindurch und setzten den Aufstieg fort. Mit Rücksicht auf Francesca stiegen Pollino und Pollina langsam die Treppenstufen hinauf. Durch kleine Fenster in der Kuppelwand konnten sie sehen, wie hoch sie sich mittlerweile über der Stadt befanden. »Und jetzt erkläre ich euch, wie Brunelleschi diese Kuppel gebaut hat«, sagte Francesca. »Das Besondere an seinem Entwurf ist, dass die Kuppel des Florentiner Doms aus zwei Schalen besteht. Wir befinden uns gerade zwischen diesen beiden Schalen. Die äußere Kuppelschale umhüllt und schützt die innere Kuppelschale. Diese innere Kuppelschale wiederum hält mit ihren dicken und massiven Mauern zum Teil die dünnere äußere Schale. Dadurch bekommt der ganze Kuppelbau seine Stabilität.«

Verwirrt lauschten Pollino und Pollina den Erklärungen von Francesca. »Ich sehe schon, das Ganze ist nicht leicht zu verstehen. Wartet mal!«, sagte Francesca und zog ein Blatt Papier aus der Tasche. Darauf zeichnete sie die Domkuppel. »Also, das sind

die zwei Kuppelschalen«, sagte Francesca. »An diesen Schalen führen acht vertikale Streben nach oben. – So! Die Kuppelwand wurde Ring um Ring aus Tausenden von Ziegelsteinen errichtet. Jeden Monat wuchs die Kuppel um etwa 30 Zentimeter.« Francesca beendete ihre Zeichnung. Die Skizze zeigte klar, wie die Kuppel konstruiert war.

Während Pollino und Pollina die Treppen hochstiegen, betrachteten sie immer wieder die äußere und innere Kuppelschale. Endlich standen die drei auf der Aussichtsplattform. Hinter ihnen ragte jetzt nur noch die so genannte Kuppellaterne in die Höhe. Die Stadt befand sich unten. Die Gebäude sahen so klein aus wie bei einer Modell-Eisenbahn. »Die größte gemauerte Kuppel der Welt«, sagte Pollino voller Bewunderung. »Größere Kuppeln entstanden nur unter Verwendung moderner Baumaterialien wie Stahl oder Aluminium«, fügte er hinzu.

»Du, Francesca…«, sagte Pollina, die fasziniert nach unten auf die Paläste, Kirchen, Häuser und Straßen blickte, »was ist eigentlich aus Andrea geworden?« »Andrea wurde berühmt«, erwiderte Francesca stolz. »Während die Domkuppel im Entstehen war, brachte Andrea seine Lehrzeit in der Werkstatt von Brunelleschi hinter sich. In der Werkstatt arbeiteten nur zwei Schüler, die außer Goldschmiedearbeiten auch Statuen anfertigen mussten. Brunelleschi war sehr zufrieden mit seinem Adoptivsohn. Im Jahr 1434 bekam Andrea seinen ersten eigenen Auftrag. Er gestaltete das Grabmal von Giovanni de'Medici und dessen Frau in der Kirche San Lorenzo. Am liebsten hätte ich vor Freude und Stolz allen in Florenz erzählt, dass mein eigener Sohn jetzt ein großer Künstler war. Aber ich durfte mein Geheimnis ja niemandem verraten!«

»Als die Domkuppel im Jahr 1436 fertiggestellt war, wurde Brunelleschi in der ganzen Stadt gefeiert. Danach konnte er sich vor Aufträgen kaum retten und war immer öfter auf die Hilfe von Andrea angewiesen. Andrea arbeitete fleißig – meisterhaft beherrschte er sein Handwerk. Wie tief die Zuneigung Brunelleschis zu Andrea war, zeigte sich, als Brunelleschi im Sterben lag. Andrea durfte am Totenbett des großen Künstlers wachen *und ihn in den letzten Stunden seines Lebens begleiten. Nach dem Tod von Filippo Brunelleschi im April des Jahres 1446 erfuhr Andrea, dass auch er zu den glücklichen Erben des reichen Künstlers gehörte.«*

Francesca erzählte weiter: »Von nun an konnte Andrea für immer in Wohlstand und Reichtum leben. Aus Dank für seinen großzügigen Vater und Lehrmeister fertigte Andrea eine Relieftafel von Brunelleschi an. Sie befindet sich im Dom und zeigt Filippo Brunelleschi in der Kleidung eines antiken Römers.« »Die habe ich gesehen«, warf Pollino ein. »Sie ist wunderschön!« Pollina wollte aber noch mehr wissen: »Und was geschah dann? Hast du Andrea gesagt, dass du seine Mutter bist?« »Ach, dazu war es zu spät!«, erwiderte Francesca seufzend. »Andrea lebte in einer ganz anderen Welt als meiner: Er war reich und berühmt, hatte eine eigene Familie und viele Freunde. Da hätte eine Mutter, noch dazu eine, die eine arme Wollweberin ist, nicht dazu gepasst.«

Francesca bemerkte, dass Pollino und Pollina feuchte Augen bekamen. »He, was ist mit euch? Wehe, ihr fangt jetzt zu heulen an!«, rief Francesca. »Ich bin die glücklichste Mutter in der ganzen Stadt. Jeden Tag kann ich beobachten, wie Menschen aus aller Welt das Werk meines Sohnes bewundern. Was gibt es Schöneres für eine Mutter?« Francesca strahlte über das ganze Gesicht. Auch Pollino und Pollina wurden von ihrer Heiterkeit angesteckt. »So, jetzt ist es aber an der Zeit, euch zu verlassen. Sicher stehen wieder Kinder vor dem Campanile und schauen auf das Relief mit mir als Wollweberin. Und auch denen möchte ich meine Geschichte erzählen.« In Windeseile war Francesca durch die Türe in der Kuppelwand entschwunden.

Im Herzen der Stadt – Vom Domplatz zur Kirche Santa Maria Novella

Palazzo Medici: 6 Der Familienpalast der Medici

Ihr verlasst nun den Domplatz und geht die »Via Cavour« entlang. Bald erscheint auf der linken Straßenseite ein großer, lang gestreckter Stadtpalast, der lange Zeit der mächtigen Medici-Familie als Wohnstatt und Verwaltungsgebäude diente. Der »Palazzo Medici« wurde Mitte des 15. Jahrhunderts erbaut. Es war Cosimo de' Medici (der Ältere), der diesen Familienpalast in Auftrag gab. *(Achtung: Der Medici-Palast ist heute ein Museum und für einen Besuch müsst ihr zunächst Eintrittskarten lösen!)*

Wie ihr erkennen könnt, ist die Außenfassade in drei Stockwerke unterteilt. Das Erdgeschoss wirkt dabei wie ein mächtiger Sockel für die darüberliegenden Stockwerke. Wuchtige, unterschiedlich und grob behauene Quader (das sind große Backsteine) bilden die Mauer, in die vergitterte Fenster eingefügt wurden. Dieser Teil des Palastes gleicht mehr einer Burg als einem Wohnhaus. Offensichtlich wollten sich die Medici damit vor Überfällen und Volksaufständen schützen. Die zwei oberen Geschosse wirken eleganter. Die Backsteine sind glatt, und zahlreiche, regelmäßig angeordnete Rundbogenfenster öffnen die Stockwerke.

Der »Palazzo Medici« war bis 1659 im Besitz der Medici-Familie. Dann wurde er an die Familie Riccardi verkauft. Deshalb trägt dieser Stadtpalast heute einen Doppelnamen: »Palazzo Medici-Riccardi«. Im 15. und 16. Jahrhundert war das Gebäude Schauplatz vieler prunkvoller Feste. Könige und Kaiser, aber auch Wissenschaftler, Dichter und Künstler wurden hier von den Medici empfangen. Das Innere des »Palazzo Medici« wurde mit vielen Kunstwerken prächtig ausgestattet, vor allem die »Cappella dei Magi«, die Privatkapelle der Medici. Diese Kapelle solltet ihr unbedingt besichtigen!

In der »Cappella dei Magi« befinden sich große Fresken aus der Mitte des 15. Jahrhunderts. Sie zählen zu den bekanntesten in ganz Florenz. Es handelt sich dabei um die Darstellung des »Reiterzuges der Heiligen Drei Könige« von Benozzo Gozzoli. Auf den Fresken könnt ihr nicht nur eine Menge Reiter auf ihren Pferden sowie Burgen und Landschaften mit vielen Tieren sehen. Auch einige Familienmitglieder der Medici und der Maler selbst haben sich unter die Teilnehmer des festlichen Zuges gemischt. Cosimo der Ältere reitet auf einem Esel, daneben sein Sohn Piero auf einem Schimmel. Der junge Lorenzo il Magnifico soll der Reiter vor ihnen mit der Krone auf dem Kopf sein. Wenn ihr genau

Der Innenhof des Palazzo Medici-Riccardi

hinguckt, könnt ihr das Medici-Wappen auf dem Zaumzeug des Pferdes erkennen.

Den Künstler selbst, Benozzo Gozzoli, könnt ihr auf dem Fresko der rechten Längswand sehen: Er trägt einen roten Hut auf seinem Kopf. Für den Künstler war es alles andere als einfach, die Privatkapelle der Medici auszumalen. Sie besitzt nur wenige Fenster, und so musste Gozzoli überwiegend bei Kerzenlicht arbeiten.

Insgesamt fünf Jahre benötigte der Künstler, um die Fresken in der »Cappella dei Magi« fertigzustellen. Als die Medici im Jahr 1460 zum ersten Mal den »Reiterzug der Heiligen Drei Könige« sahen, waren sie so begeistert und stolz, dass sie von da an die wichtigsten Besucher ihres Hauses sofort hierher führten.

Im Marktviertel von San Lorenzo

Die Kirche San Lorenzo 

Pollino und Pollina gingen durch eine enge Gasse und erreichten die »Piazza di San Lorenzo«. Der Platz stand voller Buden und Verkaufsstände, vor denen Händler lautstark ihre Ware anpriesen. Die Geschwister hatten Mühe, sich durch die Menschenmenge zwischen den Ständen zu quetschen. Aber irgendwie machte Pollino und Pollina das Herumgeschiebe und Gedrücke auch Spaß. An jedem Verkaufsstand gab es Neues zu entdecken: Tolle T-Shirts mit den unmöglichsten Schriftzügen in allen Sprachen, hübsche Leder- und Jeansjacken, farbenfrohe Schals und Mützen und anderes mehr. Pollino und Pollina befanden sich auf dem ***»Markt von San Lorenzo«****.* 

Zwischen den Ständen konnten Pollino und Pollina die Fassade der Kirche San Lorenzo erkennen. San Lorenzo ist eines der ältesten Gotteshäuser in Florenz. Angeblich wurde der erste Kirchenbau bereits im 4. Jahrhundert von einer reichen Florentinerin in Auftrag gegeben. »Die Frau wünschte sich schon seit langem ein Kind. Es schien, dass ihr Mann und sie für immer kinderlos bleiben würden«, erklärte Pollina. »Vor lauter Verzweiflung betete die Florentinerin schließlich zum heiligen Lorenzo. Vielleicht könnte der Heilige ihr helfen. Als die Frau wenig später tatsächlich schwanger wurde, spendete sie dem Heiligen Lorenzo aus Dankbarkeit diese Kirche.«

»Da du dich so gut auskennst: Warum ist eigentlich die Fassade so ›nackig‹?«, fragte Pollino. »›Nackig‹?, du meinst schmucklos«, korrigierte Pollina belustigt. »Das liegt daran, dass den Medici das Geld ausging.« »Den Medici?«, fragte Pollino erstaunt. »Ja!«, erwiderte Pollina. »Die hatten damals finanzielle Probleme und zuvor bereits eine Menge Geld in die Innenausstattung der Kirche gesteckt. San Lorenzo war so etwas wie die ›Hauskirche‹ der Medici. Ihr Familienpalast liegt ja gleich um die Ecke – und nach dem heiligen Lorenzo benannten die Medici viele Mitglieder ihrer Familie.« Pollino erinnerte sich vor allem an Lorenzo il Magnifico, Lorenzo den »Glanzvollen«.

Die »Fürstenkapelle« 

»In San Lorenzo befinden sich die Grabkapellen der Medici«, sagte Pollina. »Die berühmteste ist die ›Fürstenkapelle‹. Ihr Eingang ist allerdings nicht hier, sondern an der Rückseite der Kirche. Durch die ›Fürstenkapelle‹ kommen wir auch in die ›Neue Sakristei‹, in der Statuen von Michelangelo stehen.« Pollino verwirrten die vielen Bezeichnungen. Wie oft hat sie den Reiseführer eigentlich gelesen, um sich so gut auszukennen?, fragte er sich, als er Pollina folgte. Seine Schwester steuerte zielsicher auf den Eingang zur »Fürstenkapelle« an der Piazza Madonna degli Aldobrandini zu.

Die »Fürstenkapelle«, auf Italienisch »Cappelle Medicee«, wurde von Giorgio Vasari im 16. Jahrhundert als Grabstätte für die Medici-Großherzöge entworfen. Innen sieht diese Kapelle wie ein Schmuckkästchen aus, ist allerdings riesig. Die Wände sind mit kostbaren Edelsteinen und farbigem Marmor verziert. Wenn ihr auf den Boden der »Fürstenkapelle« blickt, könnt ihr Platten mit den Namen von Familienmitgliedern der Medici erkennen. Auf diesen Marmorplatten standen bis ins 18. Jahrhundert die Grabmäler der Medici. Jetzt befinden sich ihre Sarkophage in der Krypta unter der »Fürstenkapelle«. Der Grund: Immer wieder brachen Diebe ein und versuchten, die Kostbarkeiten der Kapelle zu plündern.

Von der »Fürstenkapelle« gelangt ihr in die »Neue Sakristei« von San Lorenzo. Dieser Raum ist nur durch die »Fürstenkapelle« zu erreichen. Es war der Medici-Papst Leo X., der in der »Neuen Sakristei« eine Grabkapelle für verstorbene Mitglieder seiner Familie einrichten wollte. Den Auftrag dazu erteilte er im Jahr 1520 keinem geringeren als Michelangelo. Der große Künstler machte sich ein Jahr später an die Arbeit, um den Raum mit zahlreichen Statuen und vier kunstvoll gestalteten Grabmälern auszustatten.

Aber Michelangelo musste des Öfteren sein Werk unterbrechen. Im Jahr 1534 schließlich kehrte er Florenz den Rücken: Er zog nach Rom. Die »Neue Sakristei« ließ er unvollendet.

Zwei Grabmäler hatte Michelangelo fertigstellen können. Die beiden wunderschönen Kunstwerke sind bis heute in der »Neuen Sakristei« erhalten geblieben. Am »Grabmal für den Herzog von Urbino« (das war Lorenzo de' Medici) arbeitete Michelangelo von 1524–1533. Den Großherzog stellte er als nachdenklichen, römischen Feldherren dar. Unter ihm liegen die Figuren »Abend« (die Frau) und »Morgen« (der Mann). Im gleichen Zeitraum entstand das »Grabmal für den Herzog von Nemours«. Diesmal handelt es sich um die Grabstätte für Giuliano de' Medici. Auch er ist sitzend wie ein Feldherr der Antike abgebildet.

Die Engel unter dem Tabernakel

Markthalle und Tabernakel

Nicht weit von der »Fürstenkapelle« entfernt befindet sich die größte Markthalle in Florenz, der **»Mercato Centrale«**. 10 Dort könnt ihr im Untergeschoß an vielen Verkaufsständen Obst, Gemüse, Fleisch und Lebensmittel aller Art kaufen. Im ersten Stock findet ihr verschiedenste Stände mit italienischen Gerichten und Produkten. Sie locken mit ihrem verführerischen Duft, wie z. B. »Porchetta«, ein Spanferkelbraten der in Scheiben geschnitten und in einer Semmel serviert wird. Dort gibt es Tische und Stühle, wo ihr bequem alles worauf ihr Lust habt, probieren könnt. Bereitet euch vor auf ein »Festival« von Gerüchen, Farben und Formen!

Zur letzten Station auf eurem Rundweg, zur Kirche Santa Maria Novella, gelangt ihr über die »Via Nazionale«. In dieser Straße, zwischen den Hausnummern 77 und 79, trefft ihr auf einen hübschen Trinkbrunnen mit einem langen Namen: **»Tabernacolo delle Fonticine«**. 11 Das heißt übersetzt »Tabernakel der kleinen Quellen«. Ein Tabernakel ist ein Altaraufsatz und steht normalerweise in einer Kirche über dem Hochaltar. In Florenz werden mit diesem Begriff aber auch Nischen mit Heiligenfiguren an öffentlichen Plätzen bezeichnet.

An die 1000 Tabernakel in allen Größen verteilen sich über das Stadtgebiet von Florenz. Das »Tabernakel der kleinen Quellen« in der »Via Nazionale« ist mit einem schönen, farbigen Tonrelief von Giovanni della Robbia ausgestattet. Der Künstler hat die Abbildung der Mutter Gottes mit den Heiligen im Jahr 1522 angefertigt. Was die »kleinen Quellen« in der Namensbezeichnung betrifft: damit sind die Engelsköpfe unter dem Tabernakel gemeint, die Wasser in das Brunnenbecken spucken.

Pollino und Pollina standen an einem verkehrsreichen Platz. Die Kirche Santa Maria Novella war ihr nächstes Ziel. Während Pollina den Verlauf des Rundganges noch einmal im Reiseführer kontrollierte, fasste Pollino seinen ganzen Mut zusammen und fragte einen Fußgänger: »Scusi, prego! Santa Maria Novella?« Das Italienisch war gar nicht mal schlecht, stellte Pollina erstaunt fest.

»Santa Maria Novella?«, erwiderte der angesprochene Italiener. »La stazione o la chiesa?« Dabei zeigte er auf zwei Gebäude, die einander genau gegenüberlagen. Verwirrt verfolgte Pollino den Armbewegungen des Mannes. »La chiesa!«, die Kirche, antwortete Pollina in perfektem Italienisch.

Pollina wusste, dass außer der Kirche auch der Bahnhof von Florenz den Namen »Santa Maria Novella« trug. Der Bahnhof war jedoch der flache Bau auf der anderen Seite des Platzes.

Der Italiener wies auf den Eingang zu einer Unterführung und dann auf ein Gebäude genau dahinter. Dabei gab er in schnellen Sätzen noch irgendwelche Erklärungen ab, von denen weder Pollina noch Pollino ein Wort verstanden. Die Geschwister bedankten sich und stiegen die Treppen zur Straßenunterführung hinab. »Na, was sagst du zu meinen Sprachkenntnissen?«, fragte Pollina ihren Bruder und legte ihren Arm um Pollinos Schulter. »Wart' mal ab!«, brummte Pollino. »In der Trattoria helfe ich dir aus der Patsche!«

Die Kirche Santa Maria Novella 12

An der Stelle, wo sich heute die Kirche »Santa Maria Novella« befindet, stand bereits im 10. Jahrhundert eine kleine Kapelle. Damals war diese Gegend noch voller Weingärten, deshalb hieß die Kapelle auch »Santa Maria delle Vigne«: »Heilige Maria in den Weingärten«. Ein Jahrhundert später haben die Florentiner die kleine Kirche erweitert und in »Santa Maria Novella«, also in die »Neue Heilige Marienkirche« umgetauft.

Im Jahr 1221 gründeten hier die Mönche des Dominikanerordens ein Kloster und machten sich daran, »Santa Maria Novella« zu einer schönen, großen Klosterkirche auszubauen.

Aber nach Beendigung der Bauarbeiten im 14. Jahrhundert waren die Dominikaner mit ihrer Klosterkirche nicht zufrieden. Besonders die Fassade der Schauseite von »Santa Maria Novella«, also die Seite, die zum Platz zeigt, erschien den Mönchen als zu schmucklos. Diese Meinung teilte auch Giovanni Rucellai, ein sehr reicher Florentiner Kaufmann. Giovanni Rucellai war ein äußerst frommer Mensch und fühlte sich dem Orden der Dominikaner sehr verbunden. Des Öfteren bedachte er Kirchen und Klöster mit Schenkungen. So versprach der Florentiner Kaufmann den Dominikanern, die Kosten für die Fassade von »Santa Maria Novella« zu übernehmen. Auch einen Architekten hatte er bereits zur Hand, den berühmten Leon Battista Alberti.

Alberti entwarf eine einzigartige Kirchenfassade, die es in dieser Form noch nicht gegeben hatte: Das Erdgeschoss mit dem großen Mittelportal sieht aus wie ein römischer Triumphbogen. Das Obergeschoss hingegen gleicht mit seinem Dreiecksgiebel einem antiken griechischen Tempel. Leon Battista Alberti war bekannt für seine Vorliebe für antike Bauten, an denen er sich bei Entwurf und Herstellung seiner Projekte orientierte. Im Jahr 1470 war die Fassade von »Santa Maria Novella« fertiggestellt. In der Folgezeit entstanden noch viele Kirchen in Italien, die den Baustil von Alberti übernahmen.

»Die Fassade würde genau in ein Quadrat passen«, sagte Pollina, die mit ihrem Bruder auf der »Piazza Santa Maria Novella« vor der gleichnamigen Kirche stand. »Pass auf,

Santa Maria Novella

ich zeige es dir!« Mit geschickten Strichen hatte Pollina auf ein Blatt Papier die Kirchenfassade skizziert. Tatsächlich!, staunte Pollino, die Form der Fassade fügte sich problemlos in das Quadrat. »Das ist auch kein Wunder«, meinte Pollina, »denn Alberti war auch Mathematiker. Für jeden Bau, den er entwarf, stellte er genaue mathematische Berechnungen an.« »Du solltest dir ein Beispiel an ihm nehmen«, frotzelte Pollino, der wusste, wie es um die Noten seiner Schwester in diesem Fach bestellt war.

»Ach was! Bei Schularbeiten habe ich jetzt ein Mittel, mit dem mir nichts mehr passieren kann«, erwiderte Pollina geheimnisvoll. »Was für'n Mittel?«, fragte Pollino neugierig. »Siehst du die geblähten Segel auf der Fassade? Das ist das Wappenzeichen der

Familie Rucellai. Das geblähte Segel stellt Glück und Erfolg dar: Der Wind verkörpert das Schicksal, und dass er ins Segel bläst, verspricht ein gutes Gelingen. Das Segel hingegen steht für die Kraft des Einzelnen,

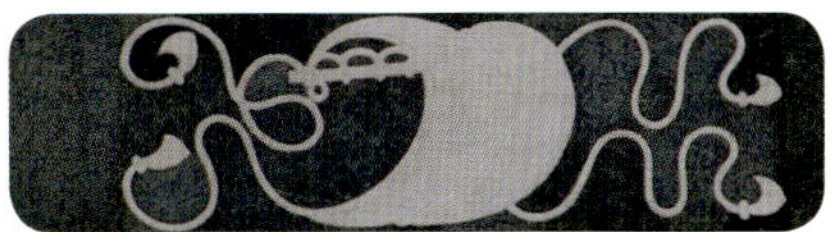

mit der man sich sein Glück erarbeitet.« Pollino betrachtete das steinerne Wappen der Rucellai eingehend. Ist ja eine ganz nette Erklärung, dachte er sich. Aber ob so etwas in der Schule tatsächlich hilft, da hatte er seine Zweifel.

Im schönen, weiträumigen Innenraum der Kirche »Santa Maria Novella« befinden sich zahlreiche berühmte Kunstschätze. Das bedeutendste Kunstwerk könnt ihr in der Mitte der linken Kirchenwand betrachten. Es handelt sich dabei um das Fresko »Trinità« (zu Deutsch »Dreifaltigkeit«), das Masaccio im Jahre 1424 gemalt hat. Auf dem Fresko könnt ihr Gottvater, den gekreuzigten Christus und den heiligen Geist als Taube erkennen.

Aber dieses Bild ist nicht so sehr wegen seines Inhalts von so großer Bedeutung. Vielmehr wegen der Art, wie der Raum dargestelllt ist, in dem sich Gott und sein gekeuzigter Sohn aufhalten. Durch die besondere Malweise erscheint das Fresko wie ein wirklicher Nebenraum der Kirche. Masaccio hat in diesem Fresko (s. Begriffserklärungen) als erster Maler die Regeln der so genannten Zentralperspektive angewandt. Die ist sehr kompliziert zu erklären. Deshalb nur so viel: Mit Hilfe exakter geometrischer Zeichnungen hat der Maler den Bildraum so dargestellt, dass er wie ein wirklicher Raum erscheint. Betrachtet mal die Kassetten an der gewölbten Decke: Nach hinten werden sie immer kleiner; sie werden schmäler und rücken immer enger zusammen. Auch der Bogen im Hintergrund ist kleiner als der vordere. Nach diesen Regeln sieht auch unser menschliches Auge, wenn wir einen wirklichen Raum betrachten. Masaccio ist es damit gelungen, Christus und Gottvater so zu zeigen, als ob sie sich tatsächlich vor dem Betrachter befänden.

Wenn ihr nun die fast 100 Meter lange Kirche zwischen den massigen Pfeilern nach vorne geht, nähert ihr euch dem Kruzifix von Giotto. Mit jedem Schritt werden die riesigen Ausmaße des bemalten Holzkreuzes offensichtlicher: Das Kruzifix hat eine Höhe von 5,5 Metern und ist ganze 4 Meter breit! Als Giotto das Kreuz in den Jahren von 1288–1290 bemalte, tat er dies auf eine in der Malerei vollkommen neue Art und Weise. Noch nie zuvor wurde Christus so menschlich und schmerzerfüllt dargestellt. Zu seinen Füßen könnt ihr das Skelett von Adam und den Berg Golgatha erkennen. Auf diesem Berg außerhalb Jerusalems wurde Jesus gekreuzigt.

Ein weiteres außergewöhnliches Holzkruzifix findet ihr in der »Gondi-Kapelle« links vom Hauptaltar. Es stammt von einem euch mittlerweile sehr gut bekannten

Das berühmte Bild von Masaccio

Künstler: Filippo Brunelleschi. Auch Brunelleschi zeigte sich als Neuerer in der Art der Abbildung des Gottessohnes: Zum ersten Mal wurde Christus ohne Lendentuch dargestellt. Angeblich soll Donatello, der berühmte Florentiner Bildhauer, beim Anblick des Kruzifixes so überwältigt gewesen sein, dass er vor Bewunderung einen Korb Eier zu Boden fallen ließ.
In der Kapelle des Hauptchores lohnt sich ein Blick auf die Fresken von Ghirlandaio aus dem 15. Jahrhundert. Der Künstler bemalte die Wände der Kapelle mit Szenen aus dem Leben der Gottesmutter und von Johannes dem Täufer. Ghirlandaio hat nicht nur Heilige abgebildet, sondern auch bekannte Florentiner Zeitgenossen: Befreundete Bürger, Kaufleute und Künstler. Auf den Fresken sind die Kleidung der Personen, aber auch die Gebäude und Alltagsgegenstände derart wahrheitsgetreu gemalt, dass die Abbildungen beinahe wie Fotografien aus dem 15. Jahrhundert wirken. Übrigens soll der damals 13-jährige Michelangelo an den Malarbeiten mitgewirkt haben. In jener Zeit ging Michelangelo bei Ghirlandaio in die Lehre.

Bevor Pollino und Pollina die Kirche ***»Santa Maria Novella«*** *wieder verließen, wollte Pollina noch zur Familienkapelle der Rucellai. Aber Pollino drängte darauf, wieder nach außen an die frische Luft zu gehen. Außerdem müsste er seiner Schwester auf der* ***»Piazza Santa Maria Novella«*** 13 *dringend etwas zu zeigen …*

»Wie bitte? Eine Schildkröte?«, platzte es aus Pollina heraus. Ihr Bruder führte sie über den weiten Platz von »Santa Maria Novella«. »Ja, sicher, du wirst staunen!«, erwiderte Pollino, der mit Pollina auf einen der beiden riesigen Obelisken zusteuerte, die auf der »Piazza Santa Maria Novella« standen.

»Diese Obelisken dienten als Wendemarken für Pferdewagen-Rennen«, erklärte Pollino seiner Schwester. »Im 17. Jahrhundert sausten die Pferdewagen zum Vergnügen der

Medici-Großherzöge und der Florentiner um diesen Platz herum. Muss ein tolles Spektakel gewesen sein, so ein Wagenrennen mitten in der Stadt!«

Pollina wurde ungeduldig: »Schön und gut, aber wo ist denn nun die Schildkröte?« »Eile mit Weile«, antwortete Pollino. »Hier! Unter dem Obelisken! Es sieht aus, als würden die Schildkröten die Last des Obelisken tragen.« Jetzt konnte auch Pollina die kleinen Tiere aus Stein erkennen. »Der Medici-Großherzog Ferdinando I. ließ die Schildkröten anfertigen und hier anbringen, damit sie den Lieblingsspruch seines Vaters verkörperten«, erklärte Pollino. »Und jetzt rate mal, wie der lautete?« »Keine Ahnung!« »Eile mit Weile!«, platzte es aus Pollino heraus. »Aha, und das ist jetzt wohl auch deine Devise?«, erwiderte Pollina. »Stimmt!«, rief Pollino und klopfte seiner Schwester auf die Schulter. »Allerdings gibt's Ausnahmen. Zum Beispiel auf dem Weg ... in eine ›Trattoria‹!« Mit diesen Worten stürmte Pollino los und rannte über den Platz. »So ein Spinner!«, kicherte Pollina und flitzte hinterher. Sie liefen in die Via del Sole, an deren Ende der Florentiner Dom hervorlugte.

Stadio Comunale
V. Stadio Comunale
Via Curtatone
Via d. Paradiso
Piazza Matteotti
Piazza Salimbeni
Via d. Rossi
Via dei Termini
Via Banchi di sopra
Piazza Provenzano Salvani
Via della Sapienza
Via delle Terme
Piazza S. Domenico
Via S. Caterina
V. d. Galluzza
Via di Fontebranda
Piazza del Campo
V.Banchi di sotto
Via S. Bandi
Piazza S. Giovanni
Casato di sotto
Via di Città
Duomo
Piazza del Duomo
Via Giovanni Duprè
Piazza del Mercato
Mura
Via del Fosso di Sant' Ansano
Piazza Postierla
Casato di

Sehenswürdigkeiten

Museen

Adressen und Öffnungszeiten S.140-141

1. Museo dell´Opera
2. Pinacoteca Nazionale
3. Museo delle Contrade

Restaurnats

1. Antica Tratt. Papei
2. La Tav. del Capitano
3. Locanda Garibaldi

Pizzerien

1. Pizzeria Poppi
2. Il Cavallino Bianco
3. Il Pomodorino

Cafés

1. Caffè Conca d´Oro

Eisdielen

1. Gelateria Kopakabana
2. Gelateria Grom
3. Gelateria Bibò

Adressen S.160-161

Siena – Das Juwel aus dem Mittelalter

»Sieh nur, Pollina! Da oben, die Stadt, das muss Siena sein!«, rief Pollino. Er hatte auf einer Anhöhe eine größere Stadt entdeckt. Die Häuser drängten sich dicht aneinander und leuchteten in kräftigem Rot-Braun in der Sonne. Die Geschwister fuhren mit ihren Eltern auf der Schnellstraße Richtung Siena. Pollina rückte näher an ihren Bruder heran und sah aus dem Fenster. »Ja, du hast Recht! Die Häuser haben wirklich fast alle den Siena-Farbton«, meinte Pollina. »Den Siena-Farbton?«, fragte Pollino verblüfft. »Dieses Rot-Braun von Sienas Häusern wird auch als Siena-Farbton bezeichnet, es ist typisch für diese Stadt, und so hat man diese rötlich-braune Farbe »Siena« genannt. Du musst zugeben: Die Stadt sieht herrlich aus. Passend zum Siena-Ton haben die Sieneser ihre Häuser mit ockerfarbenen Ziegeln gedeckt. Die Fassaden der Häuser sind noch genauso wie im Mittelalter unverputzt. Siena hat seinen Charakter über Jahrhunderte erhalten. Es scheint, als sei die Zeit hier stehen geblieben.«
Wortlos betracheten die beiden das Panorama der Stadt. Bis sie dort ankamen, würde noch einige Zeit vergehen, – Zeit, um sich die höchst interessante Geschichte der kleinen, beeindruckenden Stadt nochmals durchzulesen, dachten sich die Geschwister. Die Eltern hatten die Absicht, den Wagen auf einem der ausgewiesenen, gebührenpflichtigen und bewachten Parkplätze abzustellen. Ein guter Ausgangspunkt für die Tour durch Siena war der Parkplatz in der Nähe des Fußballstadions: Sie nahmen die Ausfahrt: »Siena-Ovest«, Siena-West, und folgten den Beschilderungen zum Parkplatz »Stadio«.

Das von Stadtmauern eingefasste Zentrum Sienas schmiegt sich einem Höhenzug mit drei Erhebungen entlang. Diese Hügel teilen die Stadt in drei Teile. Sie heißen Camollìa (im Norden), Città (im Südwesten) und San Martino (im Südosten). Betrachtet man die Altstadt von dem hohen Turm neben dem Rathaus, sieht Siena aus wie ein umgedrehtes Y. Während es oben, in der Altstadt Sienas, ohne Autos, Lärm und Gestank zugeht, breitet sich unten im Tal, zu Füßen der steil abfallenden Hänge, die moderne

Sienas Altstadt liegt auf einem Höhenzug.

Stadt aus – mit all der gewohnten Hektik. Im Jahr 1956 entschlossen sich die Bürger von Siena dazu, Autos aus ihrer Altstadt zu verbannen. Das geschah, um das mittelalterliche Zentrum zu schützen. Welch eine Vorstellung, die malerischen Straßen und Gassen verstopft mit Autos? Lieber nicht!, dachten sich die Sieneser. Zwar verzichtete man damit kurzfristig auf wirtschaftliches Wachstum, dafür aber ist Siena heute ein Paradies für Touristen. Und die Wirtschaft Sienas floriert dank der vielen Besucher aus aller Welt.

Die verwinkelten Straßen der Altstadt bieten Besuchern und Einheimischen Platz. Touristen bummeln, bleiben stehen und blicken immer wieder staunend auf die vielen alten Paläste. Die Sieneser erledigen ihre Einkäufe in den kleinen Läden, beim Metzger, Bäcker, Lebensmittel- und Gemüsehändler. Sie finden dabei Zeit und Gelegenheit für ein kleines Pläuschchen mit Freunden und Bekannten. Die Bewohner Sienas kennen einander.

Die Geschichte Sienas

Siena in der Antike – Etrusker und Römer

Siena geht mit großer Wahrscheinlichkeit nicht auf eine Gründung durch die Etrusker zurück. Das Kernland dieses Stammes war zwar in der Toskana, doch sind in Siena bis jetzt keinerlei etruskische Spuren gefunden worden. Sicher ist, dass Siena zu Zeiten des Kaiser Augustus, der vom Jahr 63 v. Chr. bis 14 n. Chr. lebte, als ein Militärlager bestand. Dieses hieß *Saena Julia*.

Die Legende von der Gründung Sienas

Der Sage nach wurde die Stadt Siena von Senius und Aschinus gegründet. Sie waren die Söhne des Remus und vor ihrem Onkel Romulus auf der Flucht. Romulus und Remus, die Zwillingsbrüder, waren von einer Wölfin gesäugt und von einem Bauern namens Faustulus gefunden worden und hatten später, im Jahre 753 vor Christus, die Stadt Rom gegründet. Doch Romulus hatte seinen Bruder Remus kurze Zeit nach dieser bedeutenden Tat getötet, aus einem nichtigen Grund: Romulus hatte Remus verboten, »seinen« Teil der Stadt zu betreten. Dieser hatte sich nicht daran gehalten, woraufhin Romulus seinen Bruder erschlug. So flohen die Söhne des Remus, Senius und Aschinus, vor Romulus und ließen sich auf den Sieneser Hügeln nieder. Das schwarz-weiße Wappen Sienas, die so genannte »balzana« , ein schwarz-

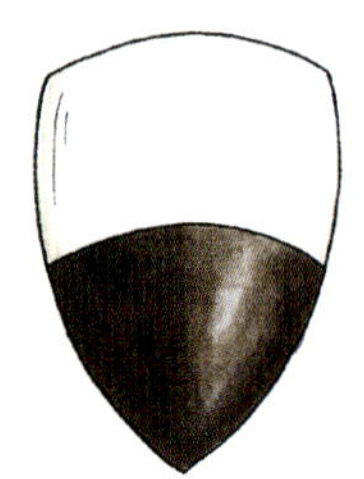

weißes Schild, geht auf diese Sage zurück: Die Pferdedecke des Senius war weiß, die des Aschinus schwarz. Siena leitet damit seinen Ursprung von der römischen Wölfin ab, die Romulus und Remus gesäugt hatte. Immer wieder seht ihr daher in Siena Darstellungen mit der Wölfin und den Zwillingen.

Die Via Francigena – die Frankenstraße

In den Jahrhunderten nach dem Zerfall des Römischen Reiches im Jahr 476 n. Chr. *(s. Begriffserklärungen)* taucht der Name Sienas nicht mehr auf. Man weiß nicht, wie sich die Stadt in dieser Zeit entwickelte. Erst Mitte des 8. Jahrhunderts findet Siena wieder Erwähnung: In einem Dokument, das von einem Streit zwischen dem Bischof der Stadt Arezzo und dem Bischof von Siena handelt, die um den Besitz von Kirchen zankten.
Zu dieser Zeit herrschten in der Toskana und in Siena die Langobarden. Siena war Bischofssitz, ein Graf verwaltete die Stadt.

Als die Langobarden aus dem Norden kommend Italien eroberten, wurde im Jahr 568 nach Christus auch das Gebiet der Toskana besetzt. Die Region nannten sie Tuscia, nach den Etruskern, die hier einst beheimatet waren. Als Hauptstadt wählten die Langobarden die Stadt Pavia, nördlich des Apennin-Gebirges. Von dort legten sie eine Straße an, die nach Rom führte und zur wichtigsten Verkehrsader der Toskana werden sollte. Sie führte durch San Gimignano und durch Siena. Angelegt wurde sie, um die Pilger aus dem Norden an das Grab des berühmten Apostel Petrus nach Rom zu führen. Die einstigen Straßen aus antiker römischer Zeit, die den Norden Italiens mit Rom verbanden, waren nicht mehr passierbar. Sümpfe an der Küste und in den Ebenen hatten das gut ausgebaute römische Verkehrsnetz zerstört; dort wütete die Malaria (über die Verbreitung dieser Krankheit an der Küste der Toskana werdet ihr mehr erfahren im Ausflug in die Maremma, ab S. 120). Zudem waren die Küstenregionen am Mittelmeer den Überfällen von Sarazenischen Piraten ausgesetzt. Der Bau neuer Straßen war somit erforderlich geworden. Die Langobarden zogen es vor, eine Straße auf den sicheren Hügeln der Toskana entlangzuführen.

Den Namen »Via Francigena«, »Frankenstraße«, erhielt diese Straße der Langobarden, weil sie später und über Jahrhunderte die wichtigste Verbindung zwischen dem »Frankenreich« und Rom darstellte. Karl der Große, der Frankenkönig, hatte im Jahr 774 das Langobardenreich erobert und die Toskana zur fränkischen Provinz gemacht.

Die Wölfin Roms steht auch für Siena.

Die Stadt und ihr Reichtum wachsen

Siena dürfte zu der Zeit, als die Langobarden die Herrschaft über die Toskana ausübten, eine kleine Stadt auf dem Hügel gewesen sein, wo sich heute der Stadtteil Città (»Stadt«) befindet. Als die Pilgerstraße nach Rom angelegt wurde, breitete sich das Städtchen schnell entlang dieser Straße aus. Schon im 8. Jahrhundert hatte Siena eine ansehnliche Stadtmauer. Durch das nördliche Stadttor, die Porta Camollìa, führte die Straße bis zum südlichen Stadttor, zur Porta Romana – hier war der Ausgang Richtung Rom. Die Lage der Porta Camollìa hat sich auch später nicht verändert, während sich die Stadt vor allem Richtung Süden weiter vergrößerte, sodass die Porta Romana mehrmals verlegt wurde. Die Bevölkerung wuchs schnell. Im Jahr 1320 zählte Siena etwa 50.000 Einwohner; die Altstadt hatte somit ihre heutige Größe erreicht.

Die Blütezeit Sienas – Die Stadt der Bankiers und Künstler

Das 13. und 14. Jahrhundert waren die Blütezeit Sienas, das sich zu einer mächtigen und reichen Stadt entwickelte. Zu verdanken war dieser Aufschwung der Lage an der Frankenstraße. Pilger und Händler reisten durch Siena. Die Geschäfte der Sieneser gingen sehr gut. In Siena wurden Wolle und Seide hergestellt; berühmt war die Stadt aber auch wegen ihres Weines und dem Safran, der in der Umgebung angepflanzt und in Siena gehandelt wurde. Äußerst einträglich waren die Kreditgeschäfte der Sieneser Bankiers, die vor allem an den Vatikan in Rom Geld verliehen. Die reichen Sieneser Bankiersfamilien hießen Chigi, Piccolomini, Buonsignori, um nur einige der bekanntesten zu nennen.

In den Jahrhunderten des Reichtums und der Macht bauten die Sieneser ihre heute weltberühmten Bauwerke: den Palazzo Pubblico, das Rathaus mit seinem beeindruckenden Turm, und den grandiosen Dom. Berühmte Künstler arbeiteten in Siena: Nicola und Giovanni Pisano, Vater und Sohn, gestalteten den Dom; Duccio schuf ein berühmtes Marienbild für den Dom; die Maler Ambrogio und Pietro

Lorenzetti, zwei Brüder, sowie Simone Martini schmückten mit ihren Malereien die Innenräume des Rathauses aus.

Siena - die Rivalin von Florenz

Im Jahr 1147 vertrieben die Sieneser den Bischof aus ihrer Stadt, der Siena regiert hatte. Die Adeligen zogen sogleich von ihren umliegenden Ländereien in die Stadt und ließen sich hier nieder. Neue Zeiten brachen an. Die Bürger Sienas gewannen nun immer mehr Einfluss auf die Regierung der Stadt. Diese wiederum dehnte ihr Herrschaftsgebiet im Umland stetig weiter aus. Im Jahr 1236 wurde der »Rat der Vierundzwanzig« eingesetzt. 12 Adelige sowie 12 Vertreter der reichen Kaufmannsfamilien stellten die Regierung der Stadt Siena, die zu einem kleinen Staat geworden war. Der Reichtum Sienas und ihr wachsender Einfluss in der Region brachten es mit sich, dass sich die Stadt in direkte Konkurrenz zu dem machthungrigen Florenz, ihrer gut 50 km nördlich liegenden Nachbarin, begab. Beide Städte trachteten danach, ihre Besitzungen und ihren Herrschaftsbereich in der Toskana weiter auszubauen. Zwangsläufig kam es zu Auseinandersetzungen. Die hatten schon im Jahr 1114 begonnen und zogen sich schließlich über fast viereinhalb Jahrhunderte hin.

Die Befehdungen zwischen Guelfen und Ghibellinen machten auch vor Siena nicht Halt. Sienas Regierung war geteilt in Ghibellinen *(die Adeligen)* und Guelfen *(die reichen Bürgerfamilien)*. Nachdem die Ghibellinen aus Florenz vertrieben worden waren, starteten die florentinischen Guelfen schließlich im Jahr 1260 den Versuch, Siena zu unterwerfen. Es kam zum Duell zwischen den Rivalinnen: Die Florentiner Truppen schlugen in der Nähe Sienas ihr Lager auf und forderten von den Siene-

Die Piazza del Campo mit dem Rathaus Sienas

sern, dass sie die Stadt übergeben und die Stadtmauern niederreißen sollten. Die Lage schien aufgrund der Übermacht der Florentiner aussichtslos. Verzweifelt legten die Sieneser im Dom die Stadtschlüssel vor einem Gemälde der Madonna nieder und zogen dann in den Kampf. Die Schlacht bei Montaperti, wenige Kilometer vor Siena, war ein Gemetzel: 10.000 Florentiner verloren ihr Leben, 15.000 wurden gefangen genommen. Übrigens, noch heute, wenn Siena und Florenz im Fußball oder anderen Sportarten aufeinander treffen und - falls Siena den Sieg davonträgt - dann können es sich die Sieneser Fans meist nicht verkneifen, den Florentinern den Schmähruf »Montaperti«, »Montaperti« entgegenzuschleudern. Die Sieneser führten ihren Sieg auf den Beistand der Gottesmutter zurück und erwählten Maria zur Schutzpatronin ihrer Stadt, in deren Kirchen und Museen es heute viele ausdrucksstarke Mariendarstellungen zu bewundern gibt. - Nun kennt ihr den Grund dafür.

Der Rat der Neun – die Guelfen regieren Siena

Doch die Vorzeichen sollten sich bald wieder ändern. Nur neun Jahre später kam es im Norden von Siena, in der Nähe von Colle Val d'Elsa, erneut zum Kampf zwischen Siena und Florenz. Diesmal unterlag Siena. Die Anhänger der Guelfen, zu denen hauptsächlich die Kaufleute zählen, übernahmen nun auch in Siena die Macht. Der Rat der Vierundzwanzig wurde abgesetzt. Die Adeligen wurden vertrieben. Ab dem Jahr 1287 stellten die Guelfen den so genannten »Neunerrat«. Unter seiner Regierung erreichte Siena seinen größten Wohlstand. Der Neunerrat leitete die Geschicke der Stadt bis zum Jahr 1355.

Blick auf den Domberg

Sienas Niedergang

Doch die kriegerischen Auseinandersetzungen zwischen Siena und Florenz waren noch keineswegs zu Ende. Sie erreichten schließlich im Jahr 1555 den letzten Höhepunkt. Kaiserliche Truppen besetzten Siena, und die Stadt wurde vier Jahre später endgültig dem Florentiner Medici Cosimo I. zugeordnet. Weitere 10 Jahre später entstand unter Cosimo I. das Großherzogtum Toskana, dem auch Siena angehörte. Im Jahr 1559 verloren demnach die Sieneser ihre Eigenstaatlichkeit, Florenz herrschte von nun über die Stadt. Siena aber waren zu dieser Zeit bereits die Grundlagen für seinen wirtschaftlichen Reichtum entzogen: Die Frankenstraße hatte ihre Bedeutung für den Verkehr verloren. Neue und weniger beschwerliche Straßen führten aus dem Norden Italiens nach Rom. Sie verliefen nun durch die weitestgehend trocken gelegten Ebenen und Küstenregionen. Zudem kam der Handel zum Erliegen. Europa hatte Amerika entdeckt und einen Seeweg nach Indien gefunden. Siena lag nun abseits der wichtigen Handelsrouten. Mit dem Verfall der Wirtschaft schrumpfte auch die Bevölkerung. Im Jahr 1768 zählte Siena nur mehr 16.000 Einwohner. Siena blieben die Erinnerungen an eine goldene Zeit und natürlich die wunderbaren mittelalterlichen Paläste, Kirchen und Häuser. Die vielen Verordnungen, mit denen die Sieneser im Mittelalter den Bau von Häusern in ihrer Stadt regelten, waren noch über Jahrhunderte gültig. Sie sorgten dafür, dass der mittelalterliche Charakter der Stadt erhalten geblieben ist. Nach wie vor ist die Stadtregierung sehr darum bemüht, das Bild der Altstadt nicht zu verändern.

Siena heute – die Stadt der lebendigen Traditionen

Heute zählt Siena um die 54.000 Einwohner, etwa so viele wie im 14. Jahrhundert. Nach Sienas wirtschaftlichem Niedergang waren seine Bewohner aber keineswegs niedergeschlagen – nein! Die Sieneser lieben ihre Stadt; sie sind stolz, Sieneser zu sein. Und das nicht nur wegen der Schönheit Sienas, sondern wegen der alten Sitten und Traditionen, die die Sieneser pflegen und hegen. Dazu gehören natürlich der weltberühmte Palio – ein Pferderennen – , das jährlich zweimal stattfindet, und auch Jahrhunderte alte Spezialitäten für den Gaumen, wie etwa Panforte oder Ricciarelli. Darüber werdet ihr später Genaueres erfahren.

Auf der alten Pilgerstraße

Pollino und Pollina bahnten sich einen Weg durch zahlreiche Reisegruppen. ***»Via Banchi di Sopra«****, las Pollina auf einem Straßenschild: »Dann sind wir ja schon auf der alten Frankenstraße«, sagte Pollino und setzte fort: »Wenn man das bedenkt: Seit beinahe 1500 Jahren ist auf dieser Straße schon dieser Trubel, nur früher waren es die Pilger, die sich hier drängten. Die Pilger bekamen in Siena Verpflegung für ihre Reise* *nach Rom. Das war sehr wichtig, denn bis zur nächsten Stadt waren es noch mehrere Tagesmärsche. Und in der Via Banchi di Sopra hatten die Sieneser Verkaufsstände für die Durchreisenden aufgebaut – ›Banchi‹ heißt auf Deutsch Verkaufsstände, und ›sopra‹ bedeutet oben. Weiter vorne, vor der Piazza del Campo, zweigt die Straße nach links ab und führt den Hügel hinunter.« »Dann müsste sie eigentlich ihren Namen in Via Banchi di Sotto ändern, denn ›sotto‹ bedeutet unten«, meinte Pollina. »Volltreffer, Schwesterchen!«, rief Pollino und klopfte seiner Schwester anerkennend auf die Schulter.*

Palazzo Tolomei 1

Dieser Palast bestand bereits im Jahr 1205. Darin lebte die reiche Bankiers- und Kaufmannsfamilie Tolomei, die wahrscheinlich deutschen Ursprungs war und sich in Siena niedergelassen hatte. Der Palast ist das älteste Privathaus in Siena. Die Hausfassade ist besonders schön wegen der Fenster mit eingestellten Säulen und den hohen, schlanken Bögen darüber.

Die Via Banchi di Sotto

Jetzt zweigt links die Via Banchi di Sotto ab, hier führte früher die Hauptstraße der Pilger weiter zur »Porta Romana« , durch die sie die Stadt verließen. Ihr steht nun vor einer herrlichen Loggia (s. Begriffserklärungen). Diese Loggia ist beinahe 600 Jahre alt. Hinter ihren Bögen, die von mächtigen Pfeilern getragen werden, tagte früher das Jugendgericht und verhandelten Bankiers ihre Geldgeschäfte. In späteren Zeiten diente das Gebäude als Markthalle.

Auf dem »Campo«, 2 der schönsten Piazza von Siena

Pollino und Pollina stiegen eine dunkle Treppe zwischen der Loggia und einem wuchtigen Gebäude nach unten. Plötzlich blieben sie überrascht stehen. Staunend betrachteten sie einen lichten, weiten Platz, der sich vor ihnen öffnete: die **»Piazza del Campo«**. *Der Platz war eingerahmt von alten, wunderschönen Palästen – ein atemberaubender Anblick! In welchem Ritterfilm habe ich diesen Platz gesehen?, überlegte Pollino. Wie ein riesiges Museum mit Bauten aus dem Mittelalter, ging es Pollina durch den Kopf. Ein lautes Aufklatschen riss die Geschwister aus ihren Gedanken. »Scusate, scusate«, rief ein etwa 15-Jähriger Junge, während er einen Fußball aus dem Brunnen neben Pollino und Pollina fischte. »Haben wir euch einen Schrecken eingejagt? Entschuldigt bitte, aber Antonio ist wirklich ein grottenschlechter Schütze. Kein Wunder, wenn jemand schon Fan von Juventus Turin ist! Ich bin Danilo – und ihr seid Touris, stimmt's?«*

Die Piazza del Campo bei Nacht – wie eine Theaterkulisse!

Pollino und Pollina nickten. Danilo redete wie ein Wasserfall, und es war für die beiden schwierig, ihm zu folgen. »Hab ich mir gleich gedacht, nur Touristen kommen auf die Piazza del Campo und bleiben wie angewurzelt stehen. Na ja, vielleicht würden wir Sieneser das Gleiche tun, wenn wir die Piazza del Campo zum ersten Mal zu Gesicht bekämen. Für uns Einheimische ist der ›Campo‹ das Herzstück unserer Stadt. Hier treffen wir uns: Die Älteren, um neueste Nachrichten zu diskutieren, und die Kinder und Jugendlichen, um zu spielen. Ich brauche euch wohl nicht zu sagen, was ich am liebsten spiele …«

»Aber ist der mittelalterliche Platz nicht zu schön, um als Fußballfeld herzuhalten?«, fragte Pollina mit kritischem Unterton. »Tja, eigentlich gebe ich dir Recht. Aber wo sonst, wenn nicht hier, sollen die Kinder aus der Altstadt Fußball spielen?«, erwiderte Danilo. »In Siena führen die Straßen oft steil bergauf oder bergab. Die Gassen sind eng und verwinkelt, die Häuser stehen dicht an dicht. Nur die Piazza del Campo bietet Platz genug zum Fußballspielen – auch wenn die Spielfläche nicht gerade sehr eben ist.«

In Siena geht's gemütlich zu.

»Kennt ihr unseren Fußballverein, den AC Siena?«, wollte Danilo von Pollino und Pollina wissen. »Ich kenne nur den AC Florenz«, erwiderte Pollino. »Oh Gott, erwähne in Siena nie wieder diesen Verein. Du riskierst dein Leben! Die Mannschaft aus Florenz ist unser Erzfeind, und wenn's zum Toskana-Derby zwischen Siena und Florenz kommt, dann geht's heiß her! Wir Sieneser sind mächtig stolz auf unseren Verein: Immerhin spielen wir meistens in der ersten italienischen Liga – ein kleines Wunder, wenn man bedenkt, dass in Siena auf der Straße fast nirgends Fußball gespielt werden kann.« Pollina, die jetzt eine ausgedehnte Fachsimpelei zwischen Danilo und Pollino über Fußball befürchtete, zupfte ungeduldig am Arm ihres Bruders. »Pollino, wir müssen weiter, sonst schaffen wir den Rundgang nicht!«

»He, wartet, ich möchte euch noch die Geschichte vom ›Campo‹ erzählen!« Das ist ganz was anderes!, Pollinas Meinung hatte sich schnell geändert. »Schon im 12. Jahrhundert war der ›Campo‹ ein weiter Platz«, begann Danilo und kickte währenddessen den Ball zurück zu seinen schon protestierenden Mitspielern. »Damals hieß die ›Piazza del Campo‹ noch ›Campo Fori‹; nach dem lateinischen Wort ›Forum‹. So hat man eben einen Platz bezeichnet, auf dem sich das öffentliche Leben einer Stadt abspielte. Im 13. Jahrhundert hat dann die Regierung Sienas den Campo nach ihren Vorstellungen gestaltet. Er sieht heute fast noch immer so aus wie damals. Man nutzte ihn anschließend weiter als Marktplatz und vor allem als öffentlichen Platz: Hier haben unsere Vorfahren Feste gefeiert, Stierkämpfe veranstaltet, aber auch Hinrichtungen fanden hier statt. Regiert wurde Siena damals vom »Neunerrat«, der aus reichen Kaufleuten bestand. Der Platz ist ihr Meisterwerk geworden. – Jetzt muss ich aber wieder zurück zu meinen ›Compagni‹! Sagt mal, schmeckt euch Süßes?«, fragte Danilo. Die Gesichter von Pollino und Pollina leuchteten nach dieser Frage regelrecht auf. »Okay – ihr braucht gar nicht zu antworten! Ich mache gerade in einer Pasticceria eine Ausbildung zum Konditor. Wenn ihr beobachten wollt, wie Panforte und wie Ricciarelli-Plätzchen gebacken werden, dann kommt mich einfach mal besuchen. Die Konditorei ist nicht weit von hier, gleich in der Nähe des Domes.« Pollino und Pollina waren sofort einverstanden. Danilo steckte ihnen einen Zettel mit der genauen Anschrift der Pasticceria zu und rannte zu seinen Freunden. Die Geschwister gingen weiter zum Palazzo Pubblico, dem Rathaus von Siena.

Am besten geht auch ihr zunächst einmal ganz nach unten und stellt euch vor den

Blick auf die Stadt vom Rathausturm aus

Palazzo Pubblico mit seinem schlanken Rathausturm. Von hier aus zeigt sich euch der Platz in seiner ganzen Pracht: Die halbkreisförmige Piazza misst einen Umfang von 333 Metern. Sie ist nach innen gewölbt und hat die Form einer Muschel. Fächerförmig dehnt sie sich nach oben aus. Dort begrenzen wuchtige Paläste den Platz. Auch sie stammen aus der Entstehungszeit des Platzes Ende des 13. Jahrhunderts. Mit der Zeit wurden etliche umgebaut und verändert, doch nach wie vor fügen sie sich perfekt ein. Seht ihr, wie schön diese Gebäude die Rundung des Platzes aufnehmen? Oder betrachtet die Spitzbogenfenster der Paläste: Sie haben dieselbe Form wie die Fenster des Palazzo Pubblico, vor dem ihr euch befindet. Diese Vorschrift hatte der Neunerrat im Jahr 1297 erlassen, damit Schönheit und Einheit des Platzes nicht gestört würden. Wie mächtig der Neunerrat war, verdeutlicht die Pflasterung des Platzes: Der rötlich-braune Grund wird durch Linien aus hellen Steinen in genau neun Kreisausschnitte unterteilt.

Der Palazzo Pubblico – das Sieneser Rathaus 3

Die Sieneser bauten ihr Rathaus etwa gleichzeitig wie die Florentiner den Palazzo Vecchio. Den Palazzo Pubblico hat der Neunerrat als Regierungssitz erbauen lassen. Der elegante und doch gewaltige Bau sollte Einheimischen wie Auswärtigen die Macht der Bürger Sienas über die eigene Gemeinde wie auch über die ländlichen Besitzungen Sienas vergegenwärtigen. Adelige hatten zum Neunerrat keinen Zutritt. Hierin waren ausschließlich die reichsten und alteingesessenen Kaufmannsfamilien vertreten. Wie das kam, fragt ihr? Von den Auseinandersetzungen zwischen Guelfen und Ghibellinen habt ihr bereits erfahren. Die Guelfen, das waren die papsttreuen Bürgerfamilien, hatten in Siena die Macht übernommen und verwehrten nun den kaisertreuen Ghibellinen, den adligen Familien, jeglichen Zugang zur Regierung.

Das Sieneser Rathaus mit dem Stadtwappen

Auch die Fassade des Palazzo Pubblico ist gewölbt und passt sich perfekt der Form des Platzes an. Im Untergeschoss besteht die Fassade aus hellem Travertin, einem Kalkstein, der in der Nähe Roms abgebaut wird. Seht ihr die zahlreichen Stadtwappen Sienas, die so genannte »Balzana« - ein Schild, geteilt in Schwarz und Weiß?
An einem Rathaus darf freilich auch ein Hinweis auf den Ursprung der Stadt nicht fehlen. So stellte man dem Rathaus eine Säule mit der Wölfin, die Romulus und Remus säugt, zur Seite. Als Siena schließlich im Jahr 1559 an die Florentiner fiel, ließen es sich die Familie der Medici nicht nehmen, ihr Wappen mitten am Rathaus anzubringen. Das Schild mit den Bällen darauf ist das Wappen der Florentiner Herrscherfamilie.

Die Torre del Mangia - der Rathausturm 4

An der Ostseite des Rathauses ragt der 88 Meter hohe Rathaus-Turm empor und wacht über die Stadt. 503 Treppen müsst ihr erklimmen, um nach oben zu kommen. Der Eingang befindet sich im Hof des Rathauses. Die Strapazen werden bei klarer Sicht belohnt: Unten breitet sich der muschelförmige Platz aus, der Blick schweift über die Altstadt Sienas und über seine malerische Umgebung. Der Turm wurde in zehn Jahren Bauzeit zwischen 1338 und 1348 erbaut. Der rote Backsteinturm ist schlank. Doch durch seinen weißen oberen Abschluss, der mit Zinnen bewehrt ist, wirkt der Turm mächtig - so, wie Siena und seine Bürger!

»Weiß du eigentlich, warum die Sieneser den Rathausturm ›Il Mangia‹ nennen?«, wollte Pollino von seiner Schwester wissen. Dabei sprach er ›Mangia‹ wie ›Mand-scha‹ aus. Pollina hatte keine Ahnung, und so fuhr ihr Bruder fort: »Der erste städtische Glöckner, der auf dem Turm die Glocken läutete, hieß Giovanni di Duccio. Der galt in der Stadt aber als äußerst faul. Da er von der Stadt für seine Dienste bezahlt wurde, nahmen ihm einige, wahrscheinlich vor allem geizige Sieneser, seine Arbeitsscheue übel und nannten ihn kurzerhand ›Mangiaguadagni‹, was mit ›Verdienstauffresser‹ zu übersetzen wäre, auf gut Deutsch aber einfach Schmarotzer bedeutet.« »Witzige Geschichte!«, meinte Pollina und sagte: »Und wie nennt sich jemand, der immer gern und viel isst: vielleicht Mangia ...« »Wen meinst du damit?«, fragte Pollino – er versetzte seiner Schwester einen leichten Rempler mit dem Ellenbogen in die Seite. »Komm, ich zeig dir, wie der ›Mangiaguadagni‹ ausgesehen hat!« Mit diesen Worten führte Pollino seine Schwester in den Innenhof des Rathauses. Gegenüber dem Zugang zum Museum stand die große Statue eines Mannes. »Der war anscheinend nicht nur faul, sondern auch ziemlich hässlich«, meinte Pollina beim Anblick des stark verwitterten »Mangiagadagni«.

Im Palazzo Pubblico

Das Museo Civico, das Stadtmuseum von Siena, lohnt einen ausgedehnten Besuch. Hier lernt ihr die Welt des Mittelalters sehr gut kennen. In den Räumen des historischen Rathauses sind viele interessante Gemälde zu sehen, die dem Betrachter nicht nur über die Begebenheiten der damaligen Zeit berichten; sondern sie erzählen darüber hinaus von den Gewohnheiten, den Überzeugungen und Einstellungen derjenigen, die sie in Auftrag gegeben haben.

Eine Stiege führt nach oben ins Museum. Habt ihr vielleicht Lust auf einen kleinen Stopp im Zwischenstock, wo der Museumsladen mit vielen Informationen und netten Souvenirs aufwartet. Angekommen im ersten Stock folgt ihr dem ausgeschilderten Rundgang. Schon bald gelangt ihr in die so genannte **Sala di Balìa**, wo sich in Notsituationen die höchsten Beamten berieten. Der kleine Raum ist ganz ausgemalt mit Fresken, die Szenen aus dem Leben von Papst Alexander III., der im Jahr 1105 in Siena geboren wurde, schildern. Dieser lag in einem langen und unbarmherzigen Streit mit dem römisch-deutschen Kaiser Friedrich Barbarossa. Ein großes Fresko zeigt eine Seeschlacht Venedigs gegen die Flotte des Kaisers. Der Maler hat den Sieg der Venezianer dargestellt, die den Papst, den Sohn Sienas, schützten. Doch die hier dargestellte Schlacht ist eine Erfindung, sie hat gar nicht stattgefunden. Tatsache aber ist, dass sich die beiden Widersacher im Frieden von Venedig im Jahr 1177 wieder versöhnten.

Nun geht es vorbei an der **Kapelle**, die mit einem schönen Holzgestühl ausgestattet ist. Hier konnten die Regierungsmitglieder um den Beistand der Heiligen Mutter bei ihren Entscheidungen bitten. Wie ihr wisst,

ist Maria, die Gottesmutter, die Schutzpatronin Sienas. Es folgt die **Sala del Mappamondo**, der Saal der Weltkarte. Diese »Weltkarte« aus dem 14. Jahrhundert ist leider verloren. Auf der runden und drehbaren Holztafel war aber nicht eine Ansicht der Erde zu sehen, die Karte zeigte die ländlichen Besitzungen Sienas. Ihr werdet sofort entdecken, wo diese Karte einst hing. Das Drehen der Karte hat an der Wand eindeutige Spuren hinterlassen.

In diesem Saal trafen sich die Stadtväter Sienas, um wichtige Entscheidungen zu fällen. Die Wandgemälde sollten ihnen die Macht der Sieneser Bürger vor Augen halten und ihre Grundlage: den christlichen Glauben. Sie sollten ermahnt werden, alles zum Wohl und zum Erhalt der Stadt und seiner Einwohner zu unternehmen. Das verdeutlichen in diesem Saal die zwei großen Fresken (s. Begriffserklärungen), die beide wahrscheinlich vom Sieneser Maler **Simone Martini** im ersten Drittel des 14. Jahrhunderts geschaffen wurden.

Da ist zunächst die 3,40 m hohe und 9,68 m breite Darstellung mit dem stolzen Hauptmann Guidoriccio. - Sein Pferd, so könnte man meinen, schwebt über dem Boden. Dieses Fresko zeigt Siena von seiner kriegerischen Seite. Im Mittelpunkt des Bildes steht der Condottiere, der Hauptmann der Sieneser Truppen, Guidoriccio *(ausgesprochen: »Guidoritscho«)*, der für Siena sehr erfolgreich kämpfte. Das Bild schildert ein geschichtliches Ereignis: Guidoriccio belagert mit seinem Heer die aufständische Burg von Montemassi im Jahr 1328. Rechts im Bild ist das Lager der Sieneser Truppen zu sehen, was leicht an den vielen Sieneser Stadtwappen abzulesen ist. Über der rechten Burg weht ebenfalls die Sieneser Fahne, während Montemassi, links im Bild, keine Fahne gehisst hat und damit zu erkennen gibt, dass man sich Siena nicht beugen will. Doch umsonst, Guidoriccio schlug die Rebellion von Montemassi nieder.

Das Madonnenbild auf der gegenüberliegenden Seite verdeutlicht wiederum den festen Glauben der Sieneser daran, dass Macht und Reichtum Sienas auf dem Beistand und der Gunst der Mutter Gottes beruhen, auf die Siena stets angewiesen ist. Es stellt eine »Thronende Madonna« dar, der Siena huldigt. Das Fresko zeigt die Gottesmutter, die unter einem Baldachin sitzt, worauf das Sieneser Wappen zu sehen ist. Sie ist umgeben von Aposteln, Heiligen und Engeln. Im Arm hält sie ihren Sohn Jesus. Simone Martini malte Maria als eine anmutige und elegant wirkende Frau.

In der **Sala della Pace**, dem »Friedenssaal«, tagte der Neunerrat und empfing seine Staatsgäste. Die Fresken an den Wänden führten den Regierenden und Besuchern nochmals vor Augen, wie wichtig eine auf das Wohl der Menschen gerichtete Politik ist: Der Maler **Ambrogio Lorenzetti** zeigt in seinen Fresken die Auswirkungen von guten und schlechten Regierungen. Die »Gute Regierung« erkennt ihr an der sitzenden, bärtigen Gestalt, die ein Gewand in den Farben Sienas, Schwarz und Weiß,

trägt. Zu seinen Füßen seht ihr die legendären Stadtgründer Aschinus und Senius mit der Wölfin. Siena verkörpert die gute Regierung. Ihr, der Regierung, zur Seite sitzen Frauen: Pax (Friede), Fortitudo (Tapferkeit), Prudentia (Umsicht), Magnanima (Hochherzigkeit), Temperantia (Mäßigung) und Justitia (Gerechtigkeit). An der Eingangswand zu diesem Saal schildert der Maler, wie sich eine von diesen Tugenden geleitete »gute Regierung« auswirkt. Hier sind Alltagsszenen zu sehen, die sich in Siena abspielen: Die Menschen leben hier ein frohes, glückliches und sicheres Leben. An der Wand gegenüber wird das genaue Gegenteil gezeigt: Die »Schlechte Regierung«, zu erkennen an dem gehörnten Tyrannen, der Dolch und Giftbecher bei sich hat und von Lastern umgeben ist. Unter dieser Regierung ist das Leben für die Menschen eine Qual: Hier herrschen Willkür, Mord und Totschlag.

Im Friedenssaal sind die »Gute« und die »Schlechte« Regierung dargestellt.

Fonte Gaia – 5 Der Fröhliche Brunnen

Pollino und Pollina traten aus dem Rathaus und befanden sich erneut auf der Piazza del Campo. Pollina wollte den Rundgang Richtung Dom fortsetzen – schließlich erwartete sie dort in der Nähe Danilo mit seinen leckeren Süßspeisen. Aber Pollino machte sich auf den Weg zum Brunnen, an dem sie Danilo getroffen hatten. »He Pollino, wir müssen da lang!«, rief ihm Pollina hinterher. »Ich weiß!«, erwiderte Pollino. »Aber vorher möchte ich dir noch etwas über den ›Fröhlichen Brunnen‹ erzählen!« Als die Geschwister vor dem großen, schönen Brunnen aus weißem Marmor standen, sagte Pollino:

»Er heißt nicht zufällig ›Fröhlicher Brunnen‹. Ein großes Problem der Sieneser war der Mangel an Wasser in ihrer Stadt. Sie liegt auf einem Hügel, weder Flüsse noch Bäche fließen hier durch. Doch Siena benötigte Trinkwasser, und Wasser war auch eine Grundvoraussetzung für die Arbeit der Wollfärber. Die Sieneser legten daher ein über 30 Kilometer langes, unterirdisches System aus Kanälen an. In der näheren Umgebung ›zapften‹ sie Quellen und Bäche an und leiteten das Wasser in die Stadt. Im Jahr 1346 sprudelte es aus dem Brunnen auf dem Campo. Die Sieneser waren so erfreut darüber, dass sie diesem Brunnen den Beinamen ›der Fröhliche‹ gaben.«

Nun führt euer Rundgang Richtung Dom. Zunächst geht ihr die Via di Città lang – das Stadtviertel hier nennt sich Città. Links seht ihr bald den mächtigen **Palazzo Chigi-Saracini.** Er hat einen charmanten Innenhof mit Zinnen, die aber gar nicht wehrhaft-abschreckend, sondern eher wie eine Zierde wirken. Der Palast geht auf das 13. Jahrhundert zurück. Heute ist darin ein Kunstmuseum untergebracht. Die Via del Capitano del Popolo zweigt ab in Richtung Dom. Bevor ihr den Domplatz erreicht, werft noch einen Blick auf den **Palazzo del Capitano del Popolo,** 6 den »Palast des Hauptmanns des Volkes«. Er ist unterhalb der Zinnen mit vielen bunten Wappen verziert.

Wappen am Palast des Volks-Hauptmanns

Der »Duomo Santa Maria« - 7 die Kathedrale der Heiligen Maria

An der höchsten Stelle der Stadt haben die Sieneser ihren Dom gebaut. Wie auf eine Bühne gestellt, thront er über dem Domplatz und der Stadt. Die Arbeiten an diesem Dom wurden um die Mitte des 13. Jahrhundert begonnen und es dauerte über 150 Jahre, bis er seine heutige Gestalt angenommen hatte. Der Dom ist 89 m lang und 24 m breit, das Querschiff misst 54 m Breite. Die Verkleidung der wunderbaren Außenfassade aus Marmor geht auf den Bildhauer und Architekten *(s. Begriffserklärungen)* Giovanni Pisano aus Pisa zurück. Die überreich mit feinen Steinmetzarbeiten geschmückte Fassade entfaltet ihre größte Wirkung in der warmen Sonne des späten Nachmittags. Dann kommen auch die Farben des Doms, sein weißer Marmor, durchzogen von dunklen Streifen, am besten zur Geltung. Auch der Dom erinnert also an das Sieneser Stadtwappen.

Oben, vor dem Portal angelangt, solltet ihr schräg nach rechts blicken. An das Dommuseum anschließend seht ihr eine riesige Wand, die ohne Abschluss bleibt und wie eine Theaterkulisse wirkt. Sie ist das Überbleibsel einer waghalsigen Unternehmung der Sieneser. Diese wollten ab 1339 ein großes Projekt verwirklichen: Der Dom sollte ausgebaut werden. Der bereits fertig gestellte Dom sollte das Querschiff des Neuen Doms bilden. Man wollte also ein gigantisches Längsschiff bauen und damit die bis dahin größte Kirche, den Dom von Florenz, weit übertreffen. Im Jahr 1339 stand Siena in voller Blüte: die Stadt zählte knapp 50.000 Einwohner, und die Geschäfte liefen hervorragend. Das Projekt konnte in Angriff genommen werden. Doch im Jahr 1348 ereilte Siena ein grausames Schicksal. Die Pest wütete und raffte zwei Drittel der Bewohner dahin. Siena lag danieder. Geld für das Vorhaben war nicht mehr vorhanden. Zudem zeigten sich in den bereits begonnenen Wänden Risse und Neigungen. Etliches musste wieder abgerissen werden, und man gab das Vorhaben schließlich auf. Die erhaltenen Wände geben ein Zeugnis, welche riesigen Ausmaße der neue Dom gehabt hätte. Stattdessen schmückte man nun den bestehenden Dom reicher aus.

Das Gotteshaus bekam einen wunderbaren **Marmorfußboden** mit insgesamt 56 Feldern. Die Arbeiten beginnen bereits über der Treppe vor dem Portal. Wunderschöne, oft mehrfarbige Darstellungen sind zu sehen: weißer, schwarzer, aber auch roter,

Der Marmor-Fußboden im Dom

grüner oder golden schimmernder Marmor wurde verwendet. Im Mittelschiff entdeckt ihr Abbildungen wie die **sienesische Wölfin** und die Darstellung der **Fortuna**, des Glückes. Die verführerische, entblößte Fortuna - die Glücksgöttin - steht unsicher auf einer Kugel und einem Boot mit gebrochenem Mast. Sie hält das vom Wind geblähte Segel. Auf ein solch ungewisses Glück wollen sich die Menschen nicht verlassen. Sie wenden sich von ihr ab und schlagen einen anderen Weg ein. Sie streben den Berg hinauf zur Weisheit. Der Pfad ist allerdings beschwerlich und gefährlich: steinig und mit Schlangen übersät, zieht er sich nach oben. Hier sitzt wiederum Fortuna. Diesmal aber belohnt das Glück diejenigen, die das Wagnis unternehmen, zur Weisheit zu streben. In diesem Reich zählen irdische Schätze nichts, daher leert der griechische Philosoph Krates Gold und Edelsteine ins Meer - sie sind wertlos. Dafür erhält er von Fortuna das Buch der Gelehrsamkeit. Dem Philosophen Sokrates reicht Fortuna eine Palme, das Zeichen des Sieges und der Unsterblichkeit.

Das Querschiff birgt ein herausragendes Kunstwerk: Die **Kanzel** aus weißem Marmor schuf der Bildhauer Nicola Pisano mit seinen Gehilfen und seinem Sohn Giovanni. Wie ihr bereits erfahren habt, wurde auch Giovanni ein begnadeter Bildhauer und Architekt, der die Außenfassade des Doms maßgeblich mitgestaltet hat. Die achteckige Kanzel ruht auf neun Säulen, vier davon werden von steinernen Löwen getragen. An der Brüstung seht ihr Geschichten aus dem Leben und Wirken von Jesus Christus dargestellt. Die Reliefs (s. Begriffserklärungen) zeigen weiche und anmutige Figuren.

Links: Ein Blick auf den schönen Inneraum des Doms

Rechts: Die Marmor-Kanzel von Giovanni Pisano

Im linken Seitenschiff des Domes befindet sich der **Piccolomini-Altar**. Kardinal Francesco Piccolomini, ein Mitglied der reichen Sieneser Familie, gab den Auftrag zu diesem Altar. Der junge, doch bereits hoch gerühmte Florentiner Künstler Michelangelo hat die Statuen in den Nischen angefertigt: Unten hat er Petrus *(rechts)* und Paulus *(links)* dargestellt.

Wenn ihr nun die Kirche wieder verlassen habt, führt die steile, marmorne Treppe an der rechten Längsseite des Doms hinab zur **Taufkirche San Giovanni**. 

Völlig überraschend weist der Dom unterhalb seines Chores eine weitere eindrucksvolle Fassade auf. Da sich der Dom auf einem steil abfallenden Hügel befindet, musste für den Ausbau des Chores ein Unterbau geschaffen werden. Hierin richtete man die Taufkirche ein.

Konditor-Lehrling Danilo

Wieder läutete die Türklingel und neue Kundschaft betrat die Konditorei. In der Pasticceria war mächtig viel los und Pollino und Pollina versuchten im engen Laden nicht im Wege zu stehen. Die Geschwister warteten auf Danilo, den eine nette Verkäuferin herbeirufen ließ. Pollino und Pollina lief das Wasser im Mund zusammen, als sie das leckere Gebäck und die Süßspeisen hinter der Scheibe der Ladentheke sahen: Plätzchen aller Größen und Formen sowie Kuchenstückchen mit Schokolade überzogen oder mit Obst belegt. Am meisten verkauft wurden jedoch mehr oder weniger gewichtige, flache Kuchenscheiben, mit Puderzucker oder Kakaopulver bestreut. Pollino und Pollina brauchten nicht lange, um zu verstehen, dass es sich hierbei um den berühmten »Panforte« handelte, die bekannteste Süßspeise von Siena.

»Eccolo!«, rief die Verkäuferin den Geschwistern zu und deutete in den Nebenraum. Im Türrahmen stand Danilo und lächelte Pollino und Pollina zu. Er trug weiße Arbeitskleidung und auf dem Kopf hatte er eine weiße Haube. Sein Gesicht und sein ganzer Körper waren von einer dünnen Schicht Mehl-

staub überzogen. Wären nicht Danilos schwarze Haare unter der Haube zu sehen gewesen, hätte er auch als gespenstisch-weißes Wesen von einem anderen Stern auftreten können. »Hallo, da seid ihr ja!«, sagte Danilo erfreut. »Kommt mit nach hinten in die Backstube. Dort weihe ich euch in die Geheimnisse der Sieneser Backkunst ein - aber alles verrate ich nicht!« Pollino und Pollina folgten Danilo in den Nebenraum. Hier war es durch die zahlreichen Backöfen wesentlich wärmer als im Laden. Männer und Frauen hantierten mit Schüsseln und Backblechen.

Nachdem Danilo seine neuen Freunde vorgestellt hatte, fragte er die Geschwister: »Welche Süßspeise aus Siena kennt ihr beiden denn?« »Panforte!«, riefen Pollino und Pollina wie aus einer Kehle, was alle zum Lachen brachte. »Klar, den kennt fast jeder, der nach Siena kommt«, erwiderte Danilo. »Aber das ist nicht alles, was Siena an Süßem zu bieten hat: Habt ihr schon mal was von Ricciarelli, Confortini oder Sospiri gehört?« Pollino und Pollina sahen sich verlegen an. »Ihr müsst wissen, Siena ist Italiens Hauptstadt der Süßspeisen. Das behaupten zumindest wir Sieneser«, setzte Danilo schmunzelnd fort. »Aber da ist schon was Wahres dran! Der Legende nach werden bei uns die Süßspeisen von zauberhaften Feen gemacht.« Wesen von einem anderen Stern, - ich ahnte es!, dachte sich Pollina. »Tatsache ist jedenfalls, dass Sienas Süßspeisen Weltruf genießen. Vor allem natürlich unser Panforte!«

Danilo nahm eine dieser flachen Kuchenscheiben, die Pollino und Pollina bereits im Verkaufsladen gesehen hatten, in die Hand und drehte sie vor den Geschwistern. »Panforte heißt eigentlich übersetzt ›kräftiges Brot‹. ›Forte‹ bedeutet hier aber eher ›säuerlich‹. Dazu müsst ihr wissen, dass früher dem Panforte Obst statt Gewürze beigemengt wurde. Und dieses Obst schimmelte und gab dem Kuchen einen säuerlichen Geschmack. Erst im 13. Jahrhundert, als aus dem Orient verschiedene Gewür-

ze nach Italien gelangten, wurde das Obst durch Gewürze wie Zimt, Pfeffer, Koriander und Gewürznelken ersetzt.« »Und jetzt kommt sicher noch die Story von Schwester Leta!«, rief scherzend eine junge Bäckerin, die gerade ein Blech mit Plätzchen aus dem Ofen holte.

»Lilly, misch dich bitte nicht in meinen Unterricht für Panforte-Anfänger ein«, wandte sich Danilo in scherzhaftem Ton an die hübsche Bäckerin. Dann erzählte er weiter: »Die Klosterschwester Leta, die Lilly eben erwähnte, hat mit einer Legende zu tun, die hier in Siena jedes Kind kennt. In einem Kloster in der Nähe von Siena war Schwester Leta mit Küchenarbeiten beschäftigt, als sie in der Abstellkammer entdeckte, dass eine Maus die Gewürzsäckchen angeknabbert hatte. Als Schwester Leta all die kostbaren Gewürze auf dem Boden verstreut und miteinander vermengt liegen sah, kam ihr die Idee zu einer neuen Süßspeise. Dieser neue Kuchen schmeckte allen und bekam den Namen Panpepato, also gepfeffertes Brot, verliehen – eben wegen seines würzigen Beigeschmacks.«

»Das Panpepato ist der direkte Vorläufer unseres heutigen Panforte: Im Lauf der Jahrhunderte wurde es verfeinert: Der Süßspeise wurden Mandeln, kandierte Früchte und manchmal auch Nüsse beigegeben. Seit dem 16. Jahrhundert verwendete man statt Honig weißen Zucker als Mittel zum Süßen. Vor allem in den Klöstern, denen Pilger von ihren Reisen Gewürze mitbrachten und die deshalb über einen größeren Gewürzvorrat verfügten, wurde Panforte hergestellt. Später spezialisierten sich auch Gewürzhändler und Apotheker auf das Backen von Panforte.« »Apotheker?«, fragte Pollino erstaunt. »Ja, denn auch sie besaßen größere Mengen an Gewürzen – und der Verkauf von Panforte erwies sich bald als sehr profitabel«, sagte Danilo. »Die erste Fabrik zur Herstellung von Panforte wurde dann auch von einem Apotheker namens Parenti 1829 gegründet. Es folgten seine Berufskollegen Sapori, Pepi und andere.«

»Und welche Zutaten verwendest du für dein Panforte?«, wandte sich Pollina an Danilo. »Ich verrate dir mein Rezept – aber nicht weiter sagen, okay? Ich bringe zunächst Wasser vermischt

mit Zucker und etwas Honig zum Kochen. Dann füge ich kandierte Früchte, unter anderem Orangeat, hinzu und lasse alles für 5 bis 6 Minuten köcheln. Anschließend gebe ich Mandeln, Mehl und verschiedene Gewürze, wie Muskatnuss, Gewürznelken und etwas Kümmel in den Topf und verrühre alles zu einem Teig. Der kommt dann in eine mit einer großen Oblate ausgelegte Backform. Schließlich schiebe ich das Ganze in den Ofen, wo es bei 200 Grad gebacken wird. Nach 30 Minuten ist mein Panforte fertig. Auf das weiße Panforte kommt noch Puderzucker, und auf das schwarze, der Kakao enthält, wird noch Kakaopulver gestreut. Fertig!«

»Und dein Geheimrezept?«, fragte Pollino leise. Danilo trat näher an die Geschwister heran und flüsterte ihnen zu: »Euch kann ich's ja verraten, ihr werdet ja wohl nie Konditor-Meister: Die Mandeln müssen leicht geröstet sein - das verleiht dem Panforte einen super Geschmack!« Pollino und Pollina fühlten sich jetzt wie die absoluten Panforte-Experten. Vielleicht sollten wir in Deutschland doch auch Panforte backen und verkaufen, überlegten sie sich. Danilo zeigte den Geschwistern, was er sonst noch an leckeren Süßspeisen und Gebäck in der Backstube herstellte. Von allen Sorten mussten sie kosten. Besonders angetan waren Pollino und Pollina von den Ricciarelli, Plätzchen, die Danilo aus fein gemahlenen Mandeln, Eiweiß, Hefe, Zucker und Mehl machte. Die Oberfläche dieser Plätzchen ist gekräuselt, die Italiener sagen dazu »arricciato«, und daher stammt die Bezeichnung »Ricciarelli«. Ricciarelli gibt es auch mit Schokolade überzogen - und die wurden mit großem Abstand zum Lieblingsgebäck von Pollino und Pollina!

Zum Abschied drückte Danilo sowohl Pollino als auch Pollina einen Beutel mit Ricciarelli-Plätzchen sowie einen Panforte-Kuchen in die Hand. Schwer beladen und mit vollem Magen traten die Geschwister aus der Pasticceria. Danilo, der am Eingang stehen blieb, rief ihnen noch »Forza Siena!« hinterher. Pollino und Pollina wussten zuerst nicht, was sie antworten sollten, doch dann gaben sie ein lautes »Forza Danilo!« von sich. Diesen Anfeuerungsruf hatte sich der angehende Konditor-Meister redlich verdient, fanden sie.

Fonte Branda – Das Brunnenhaus

Nun geht es die Treppen hinunter geradeaus. Nach wenigen Metern schon biegt ihr links in die Via di Fontebranda ein. Steil führt die Straße hinunter zum Brunnenhaus »Fonte Branda«. An dieser Stelle gab es bereits im 11. Jahrhundert einen Brunnen. Im Jahr 1246 wurde die Fonte Branda zum heutigen Brunnenhaus mit drei großen Bögen ausgebaut. Sie ist der größte und schönste Brunnen Sienas. Früher hatte er drei Becken. Das erste enthielt Trinkwasser, das anschließend in das zweite Becken floss – hier wurden die Tiere getränkt; und das dritte wurde zum Waschen und von den Wollfärbern benutzt. Vom Wasserproblem Sienas im Mittelalter habt ihr ja bereits gehört. Auch das Wasser der Fonte Branda stammte von Quellen, die von außerhalb der Stadt hierher geleitet wurden (und daran hat sich bis heute nichts geändert). Insgesamt verfügte Siena mit der Zeit über 58 öffentliche Brunnen. Auch 200 Privathäuser konnten mit Wasser versorgt werden.

Katharina – die heilige Sieneserin

Die Geschwister gingen ein Stück bergan und betraten den Hof des einstigen Elternhauses der heiligen Katharina von Siena, **»Casa Natale di Caterina«**. *Für Pollina war dies ein Höhepunkt ihres Rundgangs durch die Stadt, denn sie war tief beeindruckt von der Lebensgeschichte dieser Heiligen. Pollino hatte nur wenig Ahnung, wer die heilige Katharina eigentlich war, und lauschte gespannt der Erzählung seiner Schwester: »Die heilige Katharina von Siena hieß mit bürgerlichem Namen Caterina Benincasa«, begann Pollina, »Katharina wurde am 29. oder 30. April des Jahres 1347 in Siena als Tochter eines Wollfärbers geboren. Schon in jungen*

Jahren fühlte sie sich einzig zu Jesus hingezogen. Als sie 15 Jahre alt war, wollten sie ihre Eltern verheiraten. Doch sie verweigerte die Ehe und nahm dafür Schmähungen und niedere Küchendienste in der Familie in Kauf. Die Eltern hatten schließlich ein Einsehen und erlaubten ihr den Eintritt ins Kloster. In ihren inbrünstigen Gebeten erschien ihr Christus: Er reichte ihr einen goldenen Brautring - Katharina aber wählte stattdessen die Dornenkrone Jesu. Dafür empfing sie die Wundmale des Herrn.

Katharina widmete ihr Leben den Kranken und Bedürftigen und war dabei wundertätig. In Zeiten der Teuerung des Brotes backte sie aus verdorbenem Mehl essbares Brot, um Arme zu speisen. Sie war schon zu ihren Lebzeiten eine weithin berühmte Frau, die als erleuchtet galt: Viele weltliche und kirchliche Herrscher wandten sich an Katharina, um sie um Rat zu bitten. Sie starb 1380 in Rom, wo sie auch beigesetzt wurde. Im Jahr 1461 wurde Katharina vom Papst heilig gesprochen. Im Jahr 1939 wurde sie zu einer Nationalheiligen Italiens erhoben, und im Jahr 1999 erklärte sie Papst Johannes Paul II. sogar zu einer Schutzpatronin Europas. Wenn ich Katharina heißen würde, hätte ich am 29. April Namenstag - das ist der Gedenktag an die heilige Katharina von Siena«, endete Pollina ihre Erzählung.

Das elterliche Haus Katharinas wurde zu einer Gedenkstätte umgebaut. Begonnen damit hat man bereits im Jahr 1464. Oben im Haus befindet sich die ehemalige Küche der Wollfärberfamilie. Noch könnt ihr den Herd erkennen. In diesem Raum erzählen 17 Gemälde aus dem Leben der Heiligen. Wenn ihr die Treppen zu den unteren Räumen hinabsteigt, kommt ihr in das Zimmer, in dem die Heilige heranwuchs. Hier sind sieben Szenen aus ihrem Leben geschildert. Daneben, der kleine vergitterte Raum, war Katharinas Schlafzimmer. Sie schlief auf einem Steinkissen.

Oben: Das Fresko der heiligen Katharina in der Kirche San Domenico

Links: Die heilige Katharina schnitt sich die Haare ab, um nicht heiraten zu müssen.

San Domenico - die Dominikanerkirche

Die Straße führt weiter bergauf zur Via della Galluzza. Ihr geht nach links und kommt bald zur großen, aus Siena-rotem Backstein gebauten Kirche San Domenico. Die **»Basilica San Domenico«** ist beinahe 750 Jahre alt und hat einen großzügigen, hohen und hellen Innenraum. Das überragende Thema dieser Kirche ist wiederum die heilige Katharina. So findet ihr nach dem Eingang rechts eine Kapelle mit der wahrscheinlich ältesten Darstellung der Heiligen. Der Zeitgenosse von Katharina, Pietro Vanni, ein Maler, hat die Heilige auf einem Fresko dargestellt. Sie trägt das schwarz-weiße Gewand einer Dominikanerin. In der Hand hält sie eine Lilie, das Zeichen der Jungfräulichkeit und Reinheit. An der rechten Kirchenwand wurde der Heiligen eine Kapelle mit großartigen Fresken errichtet. Neben dem Altar seht ihr die heilige Katharina in Fresken des bekannten Künstlers Sodoma: »Ohnmacht und Ekstase der Heiligen«. Über dem Altar birgt der marmorne Tabernakel das Haupt Katharinas - eine viel besuchte Reliquie.

Pollino und Pollina standen an der Rückseite von San Domenico. Von hier genossen sie einen letzten Blick auf Siena. Der Dom und die umliegenden Häuser auf dem Hügel waren von der abendlichen Sonne in orange-rotes Licht getaucht. Die Geschwister hatten ihre Tour durch Siena beendet; jetzt galt es, Abschied von diesem »Juwel aus dem Mittelalter« zu nehmen. Pollino kramte aus seinem Rucksack den Beutel mit den Ricciarelli-Plätzchen hervor. Ohne ein Wort zu verlieren, reichte er den Beutel an seine Schwester weiter. Was ist denn mit Pollino los?, staunte Pollina. Er ist doch sonst nicht so großzügig! Pollino schien die Gedanken seiner Schwester zu erraten. Doch er war überzeugt: Mit niemandem sonst würde reisen so viel Spaß machen wie mit seiner Schwester!

Die Kapelle der heiligen Katharina in der Kirche San Domenico

Ausflüge

SAN GIMIGNANO

Wie ihr nach San Gimignano kommt: Dazu fahrt ihr auf der »superstrada SS 2« von Florenz Richtung Siena. An der Ausfahrt »Poggibonsi Nord« verlasst ihr die Schnellstraße und folgt den Wegweisern nach »San Gimignano«. Schon bald könnt ihr die Turmhäuser der mittelalterlichen Stadt am Horizont erkennen. Wenn eure Eltern nicht mit dem Auto fahren möchten – es gibt auch die Möglichkeit, den Bus zu nehmen. Vom Busbahnhof in Florenz verkehren fast stündlich Linienbusse nach San Gimignano, die Fahrzeit beträgt etwa 1 Stunde. (www.sitabus.it)

Schon von Weitem bietet San Gimignano einen imposanten Anblick: das Städtchen ist umgeben von einer Stadtmauer und liegt auf einer Anhöhe. 14 mittelalterliche Turmhäuser recken sich wie Wolkenkratzer in die Höhe – San Gimignano wird auch das »New York der Toskana« genannt. Seit wann San Gimignano besteht, ist ungewiss. Bereits die Etrusker bewohnten diese Gegend, und vielleicht haben sie die Siedlung gegründet. Die Legende besagt, dass im 4. Jahrhundert ein Bischof den Ort vor der Zerstörung durch die Horden Attilas gerettet hat. Der Bischof stammte aus Modena und hieß Gemiano – nach ihm wurde San Gimignano (das »Heilige Gemiano«) benannt.

San Gimignano lag wie Siena an der »Frankenstraße«, die den Norden Italiens mit Rom verband. Die **»Via Francigena«** wurde im Mittelalter von zahlreichen Händlern und insbesondere Pilgern auf dem Weg nach Rom benutzt. San Gimignano war eine willkommene Zwischenstation für die Reisenden. Der Ort profitierte von diesem

Durchgangsverkehr und wuchs schnell zu einer Stadt heran. Im 12. Jahrhundert lebten bereits 6000 Menschen in San Gimignano, ein Jahrhundert später waren es über 10.000.

Der alte Stadtkern war um eine Burg herum gebaut und vergrößerte sich alsbald. Die Stadtmauer wurde im 12./13. Jahrhundert auf ihre heutigen Ausmaße erweitert. Der Platz in der Innenstadt blieb aber noch immer eng bemessen. Die Stadtregierung von San Gimignano erließ deshalb ein Gesetz, das bestimmte, dass jeder Bürger ein Haus von nur 7 Meter Breite und 14 Meter Tiefe besitzen durfte. Den Einwohnern blieb angesichts des Raummangels nichts anderes übrig, als nach oben auszubauen – und so war die »Turm-Stadt« San Gimignano geboren. Im Mittelalter gab es 80 Turmhäuser in der Stadt – übrig geblieben sind ganze 14!

Eure Reise ins Mittelalter kann beginnen! Durch die »Porta San Giovanni« gelangt ihr in die Altstadt von San Gimignano. Das Stadttor wurde im Jahr 1292 erbaut und ist von den acht Stadttoren das schönste. Wie früher die Reisenden und Pilger nähert ihr euch über die »Via San Giovanni« dem Stadtzentrum. Bereits entlang der schmalen Straße stehen schöne mittelalterliche »Palazzi« und Turmhäuser. Auf der rechten Seite, fast am Ende der **»Via San Giovanni«**, reckt sich die »Torre dei Campetelli« in die Höhe. Sie wurde im 13. Jahrhundert von der Adelsfamilie Campetelli errichtet. Die Adeligen standen ständig im Wettstreit, wer das höchste Turmhaus bauen würde. Bis die Stadtregierung bestimmte, dass kein Turmhaus höher als 54 Meter sein durfte. So hoch war nämlich der Turm des Podestà, des Bürgermeisters von San Gimignano. Bevor ihr die **»Piazza della Cisterna«**, den eigentlichen Mittelpunkt der Stadt, erreicht, kommt ihr durch ein weiteres Stadttor. Der »Arco dei Benci« gehörte noch zur ersten Stadtmauer von San Gimignano und stammt aus der Zeit, bevor die Stadt vergrößert wurde. Der »Arco« ist ein würdiges »Eingangsportal« für einen der schönsten Plätze Italiens, die **»Piazza della Cisterna«**. Dieser Platz hat die Form eines Dreiecks und ist mit Ziegelsteinen im Fischgrätenmuster gepflastert. Umrahmt von prächtigen Wohnhäusern und Türmen aus dem 13. und 14. Jahrhundert, gibt der Platz ein herrliches Bild ab. Den Namen »Piazza della Cisterna«, also »Platz der Zisterne«, trägt der Platz seit 1273 wegen der Brunnenzisterne in seiner Mitte. Am Brunnenrand könnt ihr noch die Schleifspuren der Seile erkennen, mit denen die Wassereimer hochgezogen wurden.

Gegenüber dem schönen **»Palazzo Tortoli-Treccani«** aus dem 14. Jahrhundert steht einer der ungewöhnlichsten Türme von San Gimignano: Die **»Torre del Diavolo«**, der »Teufelsturm«. Angeblich hätte der Teufel höchstpersönlich den oberen Teil des Turmes hinzugefügt – und seitdem würde es in dem Turm spuken, meinen die Einwohner von San Gimignano.
Vom Teufel beraten waren scheinbar einige Adelsfamilien im Mittelalter, wie zum Beispiel die Mitglieder der Familien Salvucci und Ardinghelli. Letzterer gehörten die

Im rechten Turm soll es spuken.

unterschiedlich hohen Zwillingstürme an der »Piazza«. Die Ardinghelli bekriegten sich im 14. Jahrhundert mit den Salvucci, einer ebenfalls alteingesessenen Familie in San Gimignano. Die Streitigkeiten uferten aus, und man schreckte weder vor Totschlag noch Mord zurück. Den Salvucci gelang es, ihre Feinde eine Zeit lang aus der Stadt zu vertreiben. Daraufhin nahmen sie deren Turmhäuser in Besitz und zerstörten einen Teil davon. Deshalb ist der linke Turm niedriger als sein Nachbar. Aber die Rache der Ardinghelli folgte auf dem Fuß - doch dazu später!

Nur wenige Schritte und ihr befindet euch auf dem Platz vor dem Dom von San Gimignano. Die Kirche, die den Namen **»Collegiata di Santa Maria Assunta«** trägt, wurde im 12. Jahrhundert errichtet und im Jahr 1148 geweiht. Die ursprüngliche Form des Domes ist nicht mehr erhalten, aber wenn ihr genau hinguckt, könnt ihr die Höhe des Mittelschiffes der alten Kirche noch an der Außenwand erkennen. Das Innere des Gotteshauses birgt bedeutende Kunstschätze - ein Besuch lohnt sich! An der Innenfassade stehen farbige Holzfiguren, die den Verkündigungsengel Gabriel und die Jungfrau Maria darstellen. Der Künstler **Jacopo della Quercia** hat sie im Jahr 1420 angefertigt; bunt bemalt wurden sie erst später.

An den Wänden um die Figuren herum seht ihr Fresken aus dem 14. Jahrhundert von **Taddeo di Bartolo**. Unschwer lässt sich erkennen, was der Künstler hier bildlich dargestellt hat: Das »Jüngste Gericht«; seitlich davon, an der rechten Wand: die »Hölle« und gegenüber: das »Paradies«. Das große Fresko darunter stammt von Benozzo Gozzoli und zeigt das »Martyrium des heiligen Sebastian«. Der Künstler hat es aus Dank für die überstandene Pest im Jahr 1465 gemalt. San Gimignano wurde im Mittelalter des Öfteren von dieser verheerenden Seuche heimgesucht. Der Heilige Sebastian gilt als Schutzheiliger gegen die Pest, und man betete ihn an, um sich der todbringenden Krankheit zu erwehren.

Einer Heiligen aus San Gimignano ist die Kapelle rechts im Seitenschiff, vor dem

Altarraum, gewidmet. Der Name dieser Kapelle weist euch darauf hin: »Capella di Santa Fina«, »Kapelle der Heiligen Fina«. Die heilige Fina wurde 1238 geboren und widmete sich den Armen und Notleidenden. Und das, obwohl sie durch eine schwere Krankheit dazu verurteilt war, ständig im Bett zu liegen. »Bett« ist jedoch nicht das richtige Wort, denn die Heilige wählte eine Holzplatte als Bettstatt (so was macht wohl tatsächlich nur eine Heilige!). Mit nur 15 Jahren starb Fina, und im Augenblick ihres Todes ereignete sich das Unglaubliche - überall begannen Blumen zu blühen: Um den Tisch herum, auf den Turmhäusern und auf den Plätzen der Stadt. - An allen Ecken sprossen Blumen aus dem Boden! Kein Wunder, dass die Einwohner von San Gimignano die heilige Fina zu ihrer Stadtheiligen erwählten!

Auf zwei Gemälden im Inneren der Kapelle schildert der Maler **Domenico Ghirlandaio** bedeutende Ereignisse aus dem Leben der Heiligen: Eine Szene zeigt, wie die tote, aufgebahrte heilige Fina eine kranke

Die heilige Fina aus San Gimignano

Amme heilt; ein Engel lässt deshalb die Glocken erklingen und der Bischof betrachtet das Ganze voller Ehrfurcht. Übrigens: Der Mann hinter dem Bischof, das ist der Künstler Ghirlandaio selbst, der diese herrlichen Fresken im Jahr 1475 gemalt hat. Auf der gegenüberliegenden Wand seht ihr Fina auf ihrer »Bettstatt« liegen. In diesem Moment erscheint ihr Papst Gregor der Große, um der noch jungen Frau den nahen Tod zu verkünden.

Vor dem Eingang zur Kapelle befindet sich oben, in einem Bogenfeld, eine weitere Abbildung der heiligen Fina. Auch hier

Im Innenhof des Rathauses von San Gimignano

könnt ihr die Heilige auf ihrer Todesstätte erkennen, der Papst ist bei ihr und bittet für sie in der Stunde ihres Todes. Dieses Fresko wurde bereits um das Jahr 1300 angefertig, also eineinhalb Jahrunderte vor **Ghirlandaios** Gemälden und nur wenige Jahre nach dem Tod der Heiligen. Es ist die erste bildliche Darstellung der heiligen Fina überhaupt!

Fresko in der Loggia des Rathauses

Gleich neben der Kirche am Domplatz liegt der **»Palazzo del Podestà«**, das alte Rathaus von San Gimignano. Es wurde Ende des 13. Jahrhunderts errichtet. Der 54 Meter hohe Turm des Rathauses war, wie erwähnt, das »Höchstmaß« für alle Turmhäuser in San Gimignano, und da er ziemlich dick ist, heißt er »torre grossa« – »Dicker Turm«!

Im romantischen Innenhof des »Palazzo« ist die Treppe zu einer Loggia mit vielen gemalten Wappen verziert. Im Rathaus wurde auch Recht gesprochen. Dass es dabei nicht immer mit rechten Dingen zuging, darauf verweist ein Fresko in der Loggia gegenüber dem Treppenaufgang. Guckt euch das abgebildete Pult des Richters genauer an: Darauf steht geschrieben: »Ich verspreche dir, dass du siegen wirst, wenn du dich mit dem Geldbeutel beeilst.« Der Künstler **Sodoma** hat dieses Fresko 1507 gemalt und damit seine Kritik an den bestechlichen Richtern äußerst deutlich kundgetan.

Über eine Treppe an der Außenfassade des Rathauses gelangt ihr in die Innenräume des »Palazzo del Podestà«, die heute das **Stadtmuseum** von San Gimignano beherbergen. Dort könnt ihr nicht nur den alten, mit schönen Fresken ausgestatteten Ratssaal aus dem 13. Jahrhundert bewundern, sondern auch eine Gemäldesammlung mit Werken aus dem 12.–15. Jahrhundert besuchen. Über das Stadtmuseum gelangt ihr in den Rathausturm, von dem ihr einen tollen Ausblick über San Gimignano und die umliegende Hügellandschaft genießen könnt.

Ihr geht die »Via San Matteo« hinunter. An der malerischen Straße befindet sich das Turmhaus der Familie Salvucci, über deren grausames Wesen ihr ja Bescheid wisst. Sie bauten sich, wie ihre Todfeinde, die Ardinghellis, Zwillingstürme. Damit wollten sie das städtische Gesetz, das die Höchstgrenze für Türme in San Gimignano vorschrieb, umgehen: Denn zusammen gerechnet übertrafen die beiden Türme den Rathausturm. So was nennt man wohl »Bauernschläue«!

Die Salvucci fielen schließlich der Rache ihrer Rivalen zum Opfer. Sie hatten die Ardinghelli vertrieben, doch die kehrten zurück und töteten im Jahr 1352 die meisten Familienmitglieder der Salvucci. Die Zwillingstürme des Salvucci-Hauses blieben dagegen unbeschadet.

Die **»Porta San Matteo«** steht am südlichen Ende der Altstadt von San Gimignano. Auch dieses Stadtttor ist Teil des Mauerrings, der im 12. und 13. Jahrhundert um die Stadt gezogen wurde. Jetzt habt ihr San Gimignano durchquert wie die Reisenden und Pilger vergangener Zeiten, und der alte »Frankenweg« weist euch den Weg Richtung Süden - Richtung Rom, der ehrwürdigen Vatikanstadt. Aber vielleicht solltet ihr doch besser die Weiterreise noch verschieben und ein Stück entlang der alten Stadtmauer von San Gimignano in entgegengesetzter Richtung gehen.

Ihr folgt den Hinweisschildern zur **»Rocca di Montestaffoli«**. Es geht etwas bergauf, denn ihr gelangt nun zur höchsten Stelle des Hügels, auf dem die Stadt errichtet wurde. Hier befand sich einst die »Rocca di Montestaffoli«, die alte Burg von San Gimignano. Der Medici Cosimo I. ließ die Festung im 16. Jahrhundert abreißen. Seitdem stehen hier nur noch Reste der früheren Burgmauer - und einer der fünf Türme. Und diesen Turm solltet ihr unbedingt besteigen. Denn die Aussicht, die sich euch von hier oben bietet, ist wirklich einzigartig: Ihr könnt San Gimignano überblicken und weit in die umliegende Hügellandschaft der Toskana hineinsehen! Einfach herrlich!

Die Zwillingstürme der Familie Ardinghelli

DER PARCO NATURALE DELLA MAREMMA – DIE OASE RUND UM DIE UCCELLINA-BERGE

Maremma heißt die Küstenregion im Süden der Toskana. Hier in den Monti dell'Uccellina und den Ebenen zu ihren Füßen erwartet euch ein einzigartiger Naturpark: der Parco Naturale della Maremma. Der Park ist nur etwa 25 km lang und 4 km breit. Doch auf seinem relativ kleinen Areal überrascht der Park mit einer äußerst abwechslungsreichen Landschaft.

Anreise und Zugang zum Park

Der Zugang zum Naturpark ist in zwei Orten möglich, die südlich bzw. östlich des Parks liegen: Talamone und Alberese. Als Ausgangspunkt für eure Erkundungen des Parks empfiehlt sich das kleine Dörfchen Alberese. Von hier aus könnt ihr auf 7 Rundwanderwegen den Park erkunden. Ihr verlasst die 4-spurige Straße, die SS1 Aurelia, die sich der Küste entlangzieht, sobald »Uscita Alberese«, die »Ausfahrt Alberese«, angezeigt wird. Vor euch, quer vor der Küste auf einer kleinen Halbinsel liegend, ragt die Hügelkette der Monti dell'Uccellina empor. Ihr fahrt weiter ins romantische Alberese. Hier befindet sich das Besucherzentrum des Parks, das **»Centro Visite del Parco«**, das gut ausgeschildert leicht am Ortsende zu finden ist. Im Besucherzentrum bekommt ihr Eintrittskarten und auch genaue Beschreibungen der Rundwanderwege auf Deutsch. Oder möchtet ihr von einem Führer durch den Park begleitet werden? Den könnt ihr im Besucherzentrum buchen (www.parco-maremma.it). Bitte merken: Es gibt mehrere Eingänge zum Park in der unmittelbaren Nähe von Alberese. Ihr könnt je nach bevorzugtem Rundgang mit dem Auto oder mit dem Bus zu den Eingängen fahren. In jedem Fall aber müsst ihr im Besucherzentrum Eintrittskarten lösen.

Geschichte des Parks – und der Maremma

Wenn ihr dem Parco Naturale della Maremma einen Besuch abstattet, befindet ihr euch, wie der Name es bereits verrät, in der »Maremma – das heißt übersetzt: Meereslandschaft. So wird die Küstenregion im Südwesten der Toskana bezeichnet. Die Maremma beginnt im Norden in der Höhe des Flusses Cecina und endet im Süden an der Grenze zu Latium. Die vielen Flüsse, die diese Landschaft durchziehen, prägten die Landschaft der Maremma. Die Flüsse, wie die Cecina, der Ombrone, die Albegna und wie sie alle heißen, entspringen im Landesinnern. Auf ihrem Weg hinab zum Tyrrhenischen Meer trugen sie über Millionen von Jahren Erde, Sand und Steine mit sich. Durch diese Ablagerungen entstanden die weitflächigen Ebenen der Maremma, die aber immer wieder durchbrochen werden von Hügellandschaften, wie den Monti dell'Uccellina, die bis ans Meeresufer heranreichen.

Unterwegs an der Küste der Maremma fällt sofort ins Auge, dass die Gegend nicht sehr dicht besiedelt ist. In Küstennähe gibt es nur wenige kleinere Dörfer und Städtchen. Ihr fragt euch vielleicht, wieso? Dieser Umstand findet seine Begründung in der Geschichte der Maremma: Und diese Geschichte ist bestimmt von der Armut ihrer Einwohner und deren hartem Kampf gegen die Natur und die Bedrohungen vom Meer.

Wegen ihres milden Klimas lebten in der Maremma bereits in der Steinzeit Menschen. In den Monti dell'Uccellina befinden sich eine Vielzahl großer Grotten, worin die Menschen Unterschlupf fanden. Im Altertum siedelte in der Maremma das Volk der Etrusker. Ihm folgten die Römer, die hier großflächigen Ackerbau betrieben. In Römerzeiten führte durch diese Region die Via Aurelia, jene perfekt ausgebaute Fernstraße, die von Rom aus der Westküste Italiens folgte und bis nach Marsilia führte, in die heutige südfranzösische Stadt Marseille. Wie entlang aller Reiserouten hatten die Römer für die Post und die Reisenden so genannte *stationes* angelegt, Raststationen. Solche *stationes* befanden sich bei den heutigen Städtchen Talamone und Alberese.

Nach dem Fall des Römischen Imperiums wandelte sich das Leben der Menschen in der Maremma von Grund auf. Große Teile der Bevölkerung verließen die Küste und zogen landeinwärts, hinauf in die Hügel des Hinterlandes. Sie zogen die Viehzucht dem Ackerbau vor. Im Mittelalter drohte den Maremmanern zudem große Gefahr vom Meer: Sarazenen, arabische Piraten, landeten an den weiten Stränden der Maremma, um zu plündern und zu töten. Das einst bebaute Land an der Küste lag brach und so konnten sich die Sumpfgebiete an den Flussmündungen immer weiter ausdehnen. In den weiten Sümpfen mit ihrem feucht-warmen Klima fand die Malaria-Mücke einen idealen Brutplatz und verbreitete so ihre schreckliche Krankheit in der gesamten Maremma. »Malaria« heißt auf Italienisch »schlechte Luft«. Früher nahmen die Menschen an, diese schreckliche Krankheit läge gewissermaßen »in der Luft«. Doch nicht die Luft verbreitet die Malaria, sondern die Malaria-Mücke, die durch ihren Stich Infektionskeime in die Blutbahn des Menschen schickt. Schließlich nisten sich diese im menschlichen Körper ein, wo sie wachsen und sich dann fortpflanzen. Folge sind häufige und heftigste Fieberanfälle. Die Krankheit endete früher stets tödlich. In Grosseto, der Hauptstadt der Maremma, waren zum Beispiel im Jahr 1860 80% der Einheimischen mit Malaria infiziert. Die Malaria blieb die Geißel der Maremma bis ins 20. Jahrhundert hinein, als die Ursache der Krankheit erkannt wurde und man viele Sumpfgebiete trocken legte und so die Malaria-Mücke von hier vertrieb.

Ein Beobachtungsturm

Die Maremmaner führten in der Vergangenheit ein mühevolles Leben: Es gab kaum Arbeit, als Trinkwasser benutzte man das faulige Wasser der Sümpfe, in denen die Malaria zuhause war. Doch der früheren Unwirtlichkeit der Maremma verdankt der heutige Naturpark seine Einzigartigkeit. In und um die Monti dell'Uccellina gab es kaum Ansiedlungen, und als in den 80er Jahren des vergangenen Jahrhunderts der Ausverkauf dieses Landes drohte, um hier touristische Zentren zu bauen, richtete im Jahr 1975 die toskanische Landesregierung den Naturpark der Maremma ein.

Wanderungen im Naturpark – Natur genießen

5 bis 12 km lange Rundwanderungen erschließen den Park. Gut beschilderte Pfade und Wege führen durch atemberaubende Landschaften: Im Norden des Parks, um die Mündung des Ombrone-Flusses, befindet sich ein großes Sumpfgebiet. Hier zeigt sich die Maremma wie früher, bevor durch Kanäle die großen Sumpfgebiete trocken gelegt wurden: Im Herbst, Frühling und Winter dehnt sich hier flaches, stehendes Gewässer aus, in dem sich der Himmel spiegelt. Im Sommer erinnert der Sumpf eher an eine Mondlandschaft: Öde und unfruchtbar – stets ist der Sumpf faszinierend und schaurig zugleich!

An der Küste unterhalb des Gebirges breiten sich Sanddünen aus, wie man sie in der Wüste erwarten würde. Nur wenige hundert Meter entfernt beginnt ein riesiger Pinienwald, der die Ebene unterhalb des Gebirges bedeckt. Dahinter erheben sich die Gipfel und Flanken des Uccellina-Gebirges. Dort wachsen auf felsigem Untergrund typische Mittelmeersträucher, die vor allem im Frühjahr die Nase der Besucher verzaubern. Herrliche Düfte

verbreiten Thymian, Myrte, Wacholder, Erdbeerbaum und Ginster. An den geschützten Hängen befinden sich Eichenwälder oder Olivenhaine. Auf Plateaus stehen alte Wachtürme; in den Bergen versteckt sich das verlassene Kloster von San Rabano, das man besichtigen kann. Der Blick von hier oben reicht bis zum Monte Argentario, der Halbinsel im Süden, oder zur Insel Elba. Unten liegt das klare, unverschmutzte Meer, in dem viele Meeresschildkröten zu Hause sind.

Der vom Menschen unbewohnte Park ist Lebensraum für viele Tierarten. Hier tummeln sich Füchse, Wildschweine, Dachse, Rehe und Hirsche, und im Sumpfgebiet nisten farbenprächtige und seltene Vögel. Auf den Weiden am Eingang des Parks grasen Rinder, ihr seht Rinderhirten auf kräftigen Pferden. Die Maremma ist berühmt für ihre Züchtungen von Rindern und Pferden. Das Maremma-Rind besitzt einen massigen Körper und trägt mächtige, geschwungene Hörner. Das Maremma-Pferd soll gar direkt von alt-römischen Vorfahren abstammen. Mit seiner wilden Mähne und dem muskolösen Körper passt es perfekt in diese Landschaft, die an den Wilden Westen erinnert. Wie auch die Maremmaner Cowboys! Sie nennt man Butteri *(gesprochen: Bùtteri)*, was »reitender Hirte« bedeutet. Seit Jahrhunderten hüten Butteri das Vieh in der Maremma. Cowboys, Rinder und Pferde, die ihr hier seht, gehören zu einem großen Landwirtschaftsbetrieb, den die Region Toskana betreibt. Die Region schützt die Maremmaner Traditionen, die auch kommenden Generationen erhalten bleiben sollen.

Ein Ausflug in den Park ist wohltuend: Keine Autos, keine Abgase und kein Lärm – Natur pur erleben! Und während oder nach einer Rundwanderung könnt ihr euch an unverbauten weiten Sandstränden in der Sonne aalen und das erfrischende Nass des klaren Meeres genießen.

Einige Tipps:

- Im Sumpf oder den Sanddünen des Parks ist es im Sommer unerträglich heiß. Erkundungen werden dann schnell zur Qual. Beste Zeiten für euren Ausflug sind die späten Nachmittagsstunden im Sommer sowie generell das Frühjahr und der Herbst. Kopfbedeckung und Sonnencreme können sich auch in diesen Jahreszeiten als sehr nützlich erweisen.
- Bitte vergesst nicht, das Fernglas einzupacken, um die Vögel und Wildtiere zu beobachten.
- Unbedingt Verpflegung mitnehmen! Im Park selbst gibt es keinerlei Versorgung mit Lebensmitteln.

Der Park ist ganzjährig geöffnet.
Er schließt eine Stunde vor Sonnenuntergang.

Nähere Infos zum Park findet ihr im Internet:
www.parco-maremma.it

Über das Besucherzentrum in Albarese könnt ihr einen Führer buchen, der euch die schönsten Stellen des Parks zeigt. Zudem werden geführte Ausflüge zu Pferd oder höchst reizvolle Fahrten mit dem Kanu auf dem Ombrone-Fluss angeboten!

Sehenswerte Toskana

PISA

Der **schiefe Turm von Pisa** ist sicherlich eine der größten Attraktionen Italiens. Eben, weil er so schief steht. Im Jahr 1173 begann Bonanus, der Baumeister, den Turm zu errichten. Aber noch bevor das dritte Stockwerk vollendet war, neigte sich der Turm zur Seite. Die Arbeiten wurden nun für ein Jahrhundert unterbrochen. Was tun? Der Boden, auf dem der Glockenturm und der Dom, ja ganz Pisa gebaut sind, besteht aus weichem Schwemmland des Arno-Flusses, der nur wenige Kilometer westlich ins Meer fließt. (Übrigens: Auch die Fassade des Doms ist um 45 cm geneigt und viele Gebäude in Pisa stehen schief). Die Pisaner ließen sich nicht beirren und setzten ihre Arbeit am Turm schließlich fort. Bis die Glockenstube, so nennt man das oberste Stockwerk, in dem die Glocken hängen, fertiggestellt war, dauerte es bis in die 2. Hälfte des 14. Jahrhunderts. Im 13. Jahrhundert betrug die Neigung des Turms etwa 90 cm. Mit der Zeit kippte er immer weiter zur Seite, bis er dann über drei Meter aus dem Lot geriet und drohte umzustürzen. Es wurde Zeit, etwas zu unternehmen. Vor einigen Jahren hat man man unter der Nordseite des Turms Erdreich herausgebohrt. Dreißig Tonnen Erde wurden entfernt und das Loch mit festem Matieral gefüllt, damit der Turm um vierzig Zentimeter aufgerichtet werden konnte. Zur Sicherheit wurde er während der Arbeiten mit Bleigewichten beschwert und mit Stahlseilen verspannt. Jetzt ist der Turm wieder so schief wie vor 250 Jahren.

Und nun können Besucher den Turm wieder nach oben steigen.

Der Dombezirk Pisas bietet dem Besucher eindrucksvolle Sehenswürdigkeiten, wie die Kirche. Sie erstrahlt in weißem Marmor und birgt viele Kunstschätze in ihrem Innern. Errichtet wurde sie zwischen den Jahren 1068 und 1118. Zu jener Zeit war Pisa die größte Seemacht des westlichen Mittelmeers und verfügte über eine schlagkräftige Flotte. Pisa war wie Siena lange Zeit eine freie Stadt. Schließlich aber übernahm auch hier die Florentiner Familie Medici die Herrschaft. Ein Abstecher in die schöne Altstadt Pisas, die sich links und rechts des Arnos befindet, lohnt sich. Ein Fußmarsch vom Dom dorthin dauert etwa 15 Minuten.

Öffnungszeiten des Turmes:
Täglich von 9.00 Uhr bis 20.00 Uhr und vom 02. Juni bis 31. August von 9.00 Uhr bis 22 Uhr

DIE INSEL ELBA

Elba ist die Ferieninsel Nummer 1 in der Toskana und äußerst beliebt bei italienischen und deutschen Urlaubern. Die drittgrößte Insel Italiens dehnt sich in Ost-West-Richtung aus. Sie ist 27 km breit, 18 km lang und befindet sich 10 Kilometer vom Festland entfernt. Die Landschaftsform ähnelt der des toskanischen Festlandes. Sanfte Hügel und das kleine Bergmassiv um den Gipfel des Monte Capanne (1018 m hoch) bestimmen das Bild Elbas. Die Insel ist ein Paradies für Urlauber. Sie besitzt herrliche Sandstrände, die sich mit romantischem Felsufer abwechseln. Sonnenanbeter, Segler, Schnorchler und Taucher fühlen sich hier wohl. Elba konnte bis heute seinen ursprünglichen Charakter bewahren. Schöne Städtchen und ursprüngliche Fischerdörfer am Meer und im Inselinnern laden zu einem unbeschwerten Urlaub ein. Etwas geschäftiger geht es im Städtchen Portoferraio zu. Es liegt an der Ostküste und ist mit etwas über 12000 Einwohner der Hauptort der Insel. Seine herrlichen Hafenpromenaden und das belebte mittelalterliche Zentrum vermitteln das Gefühl von »Urlaub in Italien«.

Im Jahr 1814 fiel ein Schlaglicht auf Elba und Portoferraio: Der abgesetzte französische Kaiser **Napoleon Bonaparte** wurde hierher verbannt und erhielt die Insel als Fürstentum. Napoleon blieb jedoch nur neun Monate auf der Insel, bevor er sich in neue militärische Abenteuer stürzte. Doch für Elba hat er in dieser kurzen Zeit viel getan: Er baute die Straßen, den Bergbau und die Flotte aus und verbesserte die Verwaltung. Die Elbaner schätzten und verehrten Napoleon.

Informationen
www.aptelba.it

VOLTERRA

Abgeschieden auf einem Bergrücken, inmitten einer kargen, zerklüfteten Hügellandschaft - so zeigt sich euch die Stadt Volterra auf den ersten Blick. Hier ist nichts mehr zu sehen von den sonst so typischen sanften Hügeln der Toskana: Erdrutsche haben bis zu 100 Meter tiefe Schlünde in den brüchigen Boden aus Lehm und Tuffstein gerissen. Eine faszinierende Landschaft! Wahrscheinlich auch für das Volk der Etrusker, denn sie haben Volterra zu einer ihrer wichtigsten Städte erkoren - Volterra gehörte zum Zwölfstädtebund Etruriens. Damit ist Volterra eine der ältesten Städte in Europa.

Seit bereits über 3000 Jahren besteht Volterra. Zahlreiche Völker und Kulturen haben das Stadtbild geprägt: Von den Etruskern stammen zwei Stadttore und Reste der Stadtmauer; die Römer haben hier ein Theater und Thermen errichtet; und die Innenstadt mit ihren engen Gassen, Turmhäusern und Palästen spiegelt nahezu unverändert die Zeit des Mittelalters wider. Ruinen, aber auch noch vollständig bestehende Bauten könnt ihr in vielen Teilen der Stadt besichtigen. Ein Spaziergang durch Volterra ist wie eine Reise durch die Epochen der Geschichte!

Da die Innenstadt von Volterra zur autofreien Zone erklärt wurde, sollten eure Eltern das Auto auf einen der zahlreichen Parkplätze außerhalb der Stadtmauern abstellen. Der Mittelpunkt von Volterra ist die **Piazza dei Priori** - hier beginnt eure

Besichtigungstour. Dieser Platz ist einer der am besten erhaltenen mittelalterlichen Plätze Europas, eingerahmt von prächtigen Stadtpalästen aus dem 12. und 13. Jahrhundert. Der **Palazzo dei Priori** ist der imposanteste dieser Stadtpaläste. Er ist das älteste Rathaus der Toskana. Kommt euch der Bau irgendwie bekannt vor? Kein Wunder, denn nach seinem Vorbild wurde der Palazzo Vecchio in Florenz errichtet.

Nach der Fertigstellung des Palazzo dei Priori im Jahre 1257 versammelte sich hier der Stadtrat von Volterra. Danach diente das Gebäude als Amtssitz des Podestà und der Zunftvorsteher, der so genannten Priori (deshalb die Bezeichnung »Palazzo dei Priori«). Wie in vielen Städten der Toskana bekämpften sich im Mittelalter auch in Volterra die Guelfen und die Ghibellinen. Die Stadt wurde dabei immer mehr in Mitleidenschaft gezogen, viele Häuser und Stadtpaläste zerstört. Als die Streitigkeiten kein Ende nehmen wollten, rief man Florenz zu Hilfe. Die Florentiner konnten tatsächlich für Ruhe sorgen - aber dafür musste Volterra einen hohen Preis bezah-

Dieser Palast in Volterra diente als Vorbild für den Palazzo Vecchio in Florenz.

len. Denn von nun an regierten Statthalter aus Florenz in ihrer Stadt – Volterra hatte seine Unabhängigkeit verloren.

Die zahlreichen Wappen auf der Fassade des Palazzo dei Priori stammen von diesen Florentiner Statthaltern. Auch die »Marzocco«-Löwen auf den Eckpfeilern links und rechts des Stadtpalastes zeugen von der Macht, die Florenz über viele Jahrhunderte in Volterra ausübte. Wenn ihr Glück habt, ist der fünfeckige Turm des Rathauses gerade geöffnet. Diese Gelegenheit solltet ihr auf alle Fälle nutzen, denn von seiner Plattform hat man eine tolle Aussicht über die Stadt und die umliegende Landschaft – manchmal sogar bis zur Küste!

Bevor ihr die Piazza dei Priori verlasst, solltet ihr noch einen Blick auf den **Palazzo Pretorio** werfen. Er befindet sich gegenüber vom Palazzo dei Priori. Guckt euch mal den Turm dieses Stadtpalastes genauer an – insbesondere die kleine Skulptur rechts vom oberen Fenster. Um welches Tier handelt es sich eurer Meinung nach? Um eine Maus? Oder etwa ein Ferkel? Die Volterraner haben sich für Letzteres entschieden und diesem Turm

Torre Buomparenti

den Namen **»Torre del Porcellino«**, »Ferkel-Turm«, gegeben. Ein witziger Name! Der dürfte allerdings die »Bewohner« des Turmes wahrscheinlich wenig aufgeheitert haben, denn lange Zeit diente die »Torre« als Gefängnis!

Ihr geht jetzt wenige Meter die Via Turazza entlang zur **Piazza San Giovanni**. Von dort gelangt ihr durch ein schönes Marmorportal in das Innere des Domes von Volterra. Diese Kirche mit dem Namen **»Santa Maria Assunta«** *(»Maria Himmelfahrt«)* wurde bereits im 12. Jahrhundert erbaut. In dem dreischiffigen Innenraum befinden sich kostbare Kunstwerke. Wenn ihr vom Haupteingang in Richtung Altar geht, könnt ihr etwa in der Mitte des linken Seitenschiffes eine wunderschöne Kanzel auf vier Säulen entdecken. Sie wurde im 12. Jahrhundert angefertigt und mit Reliefs aus Marmor verkleidet. Darauf sind Szenen aus dem Alten und Neuen Testament abgebildet.
Im rechten Seitenschiff des Doms befindet sich ein sehr seltenes Kunstwerk: Eine Gruppe von Figuren aus Pappelholz, farbig bemalt und zum Teil mit Silber und Gold überzogen. Die Figurengruppe stellt die »Kreuzabnahme« dar. Sie wurde Mitte des 13. Jahrhunderts geschaffen, wahrscheinlich von Künstlern aus Pisa. Bevor ihr den Dom wieder verlasst, werft noch einen Blick auf ein wunderbares Fresko. Dazu geht ihr in die »Cappella dell'Addolorata« im linken Seitenschiff. Auf einer Wand hat der berühmte Künstler **Benozzo Gozzoli** im Jahr 1479 die »Anbetung der Könige« gemalt. Die Landschaft auf dem Fresko wird euch bekannt vorkommen – es ist die Umgebung Volterras mit ihren kargen, zerklüfteten Hügeln.

Eure Erkundungstour durch Volterra führt nun vom Domplatz über die Via Roma zu einem gut erhaltenen Turmhaus aus dem 13. Jahrhundert. Die **»Torre Buomparenti«**, der »Turm der Familie Buomparenti«, steht an der Ecke Via Roma / Via Ricciarelli. Ein Brückenhaus verbindet den »Torre Buomparenti« mit dem Nachbarturm.

Wer sich für schöne Gemälde interessiert, sollte einen Abstecher in die Pinacoteca, die Pinakothek, am Ende der Via Buomparenti machen. Dort befinden sich Werke von großartigen Künstlern aus Florenz, Siena und Volterra. Die Gemälde wurden von so bedeutenden Malern wie **Ghirlandaio**, **Luca Signorelli** und **Rosso Fiorentino** zwischen dem 14. und 16. Jahrhundert geschaffen. Besonders eindrucksvoll sind die Gemälde »Cristo in gloria« von **Ghirlandaio** (auf dieser Christus-Darstellung seht ihr im Hintergrund eine Giraffe durch die Landschaft spazieren) und vor allem die »Kreuzabnahme« von **Rosso Fiorentino**. Dieses Gemälde aus dem

In einer Alabasterwerkstatt

Jahr 1521 ist wegen seiner grellen, fast poppigen Farben und der ausdrucksstarken Figuren sehr bekannt.

Ihr geht nun die Via dei Sarti entlang bis zur Piazza San Michele. Dort befindet sich ein weiteres Turmhaus aus dem Mittelalter, die **»Casa-Torre Toscano«**. Wenn ihr genau hinguckt, könnt ihr an den fast fensterlosen Mauern zahlreiche Vorsprünge entdecken. Diese dienten früher zur Befestigung von Holzbalkonen und Leitern. Das Turmhaus links daneben ist etwa 150 Jahre nach der »Casa-Torre Toscano« entstanden. Das »jüngere« erkennt ihr an den glatten, regelmäßig zusammengefügten Steinen der Mauern, und auch an den größeren Fenstern.

Jetzt gilt es, sich zu entscheiden: Entweder ihr bleibt in der mittelalterlichen Altstadt, oder ihr macht einen Ausflug in die römische Vergangenheit von Volterra. Denn von hier gelangt ihr durch das Stadttor »Porta Fiorentina« zum antiken **»Teatro Romano«**, dem römischen Theater. Kaiser Augustus ließ dieses Theater im 1. Jahrhundert n. Chr. errichten. Leider zeugen heute nur noch Ruinen von seiner einstigen Pracht. Bis zu 2000 Personen konnten die Theateraufführungen verfolgen. Die Zuschauertribüne bestand aus 12 Sitzreihen, die in den Hügel gebaut waren. Ein Teil davon sowie Reste der Bühne und eine später errichtete Thermenanlage sind erhalten geblieben.

Sicher sind euch in den Auslagen vieler Geschäfte Figuren aus einem weißen, fast durchsichtigem Material aufgefallen. Es handelt sich dabei um Alabaster, der in Volterra schon seit Jahrtausenden zu Urnen, Vasen, Schmuck und Abbildungen von Menschen und Tieren verarbeitet

wird. Bereits die Etrusker stellten aus dem relativ weichen, leicht zu bearbeitenden Alabaster vielerlei Gegenstände her. Wenn ihr die **Via Matteucci** und dann die **Via Porta all' Arco** entlanggeht, kommt ihr an zahlreichen **Alabaster-Werkstätten** vorbei. Schaut doch mal in eine dieser Werkstätten hinein und beobachtet, mit wie viel Geschick und Können die Volterraner den Alabaster bearbeiten.

Die »Via Porta all'Arco« führt euch - wie der Name schon sagt - zur **»Porta all'Arco«**, dem einzigen, noch gut erhaltenen etruskischen Stadttor. Der untere Teil des Tores aus großen Quadersteinen wurde im 4. Jahrhundert v. Chr. errichtet, ist demnach schon über 2000 Jahre alt! Der Torbogen spannt sich in sechs Metern Höhe über dem Boden. An seiner Außenseite könnt ihr drei Köpfe aus Stein erkennen. Sie sehen schon ziemlich mitgenommen aus - kein Wunder, bei dem Alter! Wessen Köpfe hier abgebildet sind, ist ungewiss: Man vermutet, dass sie den giechischen Gottvater Zeus (in der Mitte) und die Halbgötter Kastor und Pollux (seitlich) darstellten, vielleicht aber handelt es sich ja um die Göttin Minerva und Gott Juno.

Euer Spaziergang durch Volterra ist nun eigentlich zu Ende. Es fehlt aber noch ein bedeutendes Museum, das ihr aber auf alle Fälle besuchen solltet. Denn in der »Via Don Minzoni« befindet sich das **»Museo Etrusco Guarnacci«**, eines der wichtigsten Museen über das Volk der Etrusker. Die über 600 Ausstellungsstücke sind weltberühmt. Es handelt sich dabei zumeist um Grabbeigaben und Aschenurnen, von den Etruskern in der Zeit vom 5.-1. Jahrhundert v. Chr. angefertigt. Darunter sind Urnen mit geflügelten Dämonen, wilden Tieren und seltsamen Meereswesen, aber auch mit Darstellungen aus griechischen Heldensagen: der Raub der Helena, Kadmos, wie er eine Schlange tötet und Gallier-Schlachten. Eine unglaubliche Sammlung!

Bevor ihr Volterra verlasst, ein Tipp:
Legt eine kleine Ruhepause ein, am besten im nahe gelegenen »Archäologie-Park«, dem »Parco Archeologico«. Er ist von der »Porta all'Arco« in wenigen Schritten zu erreichen. Von der mit Gras bewachsenen Anhöhe seht ihr die riesige Medici-Festung aus dem 15. Jahrhundert auf der einen Seite und unter euch den mittelalterlichen Stadtkern von Volterra. Im Park gibt es auch eine Menge Platz zum Spielen, Faulenzen, Brotzeit machen oder was auch immer - entscheidet selbst!

Museen und Kirchen

Museen in Florenz

Florenz ist eine der berühmtesten Kunststädte der Welt. Wer sich vor seinem Museumsbesuch über Eintrittspreise, Öffnungszeiten oder Reservierungsmöglichkeiten genau informieren möchte, kann dies bei »Firenze Musei« **www.firenzemusei.it** tun oder unter **www.museicivicifiorentini.comune.fi.it**.

Hier folgen die wichtigsten Museen die in den Rundgängen beschrieben sind.
An erster Stelle die weltberühmte Sammlung in den Uffizien, wo ihr unbedingt eure Eintrittskarten vorher im Internet reservieren solltet!

Galleria degli Uffizi ❶
Piazzale degli Uffizi 1;
Öffnungszeiten: Di.-So. 8.15-18.50 Uhr
Ticketreservierung per Telefon
Tel. +39-055-294883 oder per Internet unter www.uffici.org
Kleiner Tipp: die Cafetteria auf der Dachterasse lohnt einen Besuch, sie bietet einen sensationellen Blick auf den Palazzo Vecchio!

Palazzo Vecchio
Piazza della Signoria; Tel. +39-055-2768325;
www.museicivicifiorentini.comune.fi.it
Öffnungszeiten: Okt.-März Fr.-Mi.
9-19 Uhr, Do. 9-14 Uhr, April-Sept.
Fr. -Mi. 9-23 Uhr, Do. 9-14 Uhr

Das **Museo Nazionale del Bargello** ❷ (Via del Proconsolo, 4; Tel. 055-2388606; Öffnungszeiten: Mo.-So. 8.15-17.00 Uhr) ist neben der »Galleria degli Uffizi« das bedeutendste Museum von Florenz. Es befindet sich im Stadtpalast »Bargello«, über den ihr ja bereits im ersten Rundgang Näheres erfahren habt. In den Museumsräumen sind Statuen aus dem 13.-16. Jahrhundert ausgestellt.
In der **»Sala di Michelangelo«** könnt ihr den Weingott »Bacchus« bewundern. Michelangelo hat diese lustige Statue angefertigt, als er noch ein Lehrling war. Im selben Raum befinden sich die Statuen des »Perseus« *(erinnert ihr euch an die Kopie auf der »Piazza della Signoria«?)* und des »Narziss«. Beide stammen von Benvenuto Cellini. Wie ihr vielleicht wisst, hatte sich der schöne Jüngling Narziss - gemäß einer Sage aus der griechischen Mythologie - in sein eigenes Spiegelbild verliebt.

Eine alte Steintreppe führt zu den Räumen in den oberen Stockwerken des Museums. Doch bevor ihr hochsteigt, solltet ihr noch einen Blick in den mittelalterlichen **Innenhof** werfen. Habt ihr die prachtvoll verzierte Kanone entdeckt? – Darauf ist der Kopf des Apostels Paulus abgebildet! Die Kanone befindet sich in der Loggia auf Holzklötzen. Ob sie allerdings je zum Einsatz kam?

Im **ersten Obergeschoss** des »Bargello«-Museums sind im »Salone di Donatello« zahlreiche Kunstwerke des großartigen Bildhauers Donatello zu sehen. Besonders beeindruckend ist die Büste von Niccolò da Uzzano. Donatello hat diesen Florentiner Ritter sehr wirklichkeitsgetreu abgebildet: Das Gesicht ist von Falten überzogen und sogar Bartstoppeln sind darauf zu erkennen! Übrigens: Gibt es Schachspieler unter euch? Wenn ja, dann ist die **»Sala degli Avori«**, der »Saal des Elfenbeins«, genau das Richtige: Dort ist ein »Reise-Schachbrett« aus dem Mittelalter ausgestellt. Sein Rand ist kunstvoll mit kleinen Darstellungen von Hofdamen, Rittern und Reitern verziert. Wie schafften es die Spieler nur, sich bei diesen schönen Spielfiguren zu konzentrieren?

Im **zweiten Obergeschoss** sind gleich zwei Räume der Künstlerfamilie Della Robbia gewidmet. Luca, Andrea und Giovanni della Robbia wurden durch ihre bunten, fein gearbeiteten Reliefdarstellungen in gebranntem Ton (auf Italienisch: Terracotta) berühmt. Im »Bargello«-Museum sind die schönsten Werke von Giovanni und Andrea della Robbia ausgestellt. Weniger mit Kunst als vielmehr mit der Vergangenheit des »Bargello«-Palastes haben die Ausstellungsstücke im »Waffensaal«, der »Sala dell'Armeria«, zu tun. Wie ihr bereits erfahren habt, war der »Bargello« früher der Sitz des Polizeichefs und das Gefängnis von Florenz. Davon zeugen die Rüstungen, Helme und Waffen aus dem 14.–18. Jahrhundert, die in diesem Raum zu sehen sind. Darunter befinden sich Lanzen, Bogen sowie alte Gewehre und Pistolen.

Palazzo/Museo Davanzati
Via di Porta Rossa, 13; Tel. +39-055-2388610; Öffnungszeiten: Mo.–So. 8.15–13.30 Uhr

Palazzo/Museo Medici-Riccardi
Via Cavour, 3; Tel. +39-055-2760340; www.palazzo-medici.it,
Öffnungszeiten: Do.–Di. 8:30–19 Uhr

Die »Piazza della Santissima Annunziata« wird von den Florentinern gern als »Museumsplatz« bezeichnet. Aus gutem Grund, denn hier befinden sich zwei bedeutende Museen: Die »Galleria dell'Accademia« und die »Galleria dello Spedale degli Innocenti«. Aber auch die »Piazza« selbst ist ein wahres Schmuckstück! Eingerahmt von prächtigen Renaissance-Bauten stehen in seiner Mitte zwei Brunnen mit Meeresungeheuern und das Reiterdenkmal vom Medici-Großherzog Ferdinando I. Die Brunnen und die Reiterstatue wurden im 17. Jahrhundert angefertigt und zählen zu den schönsten in Florenz.

Über eine Million Touristen besuchen jährlich die **Galleria dell'Accademia** ❺ (Via Ricasoli, 58–60; Tel. +39-055-2388609; www.galleriaaccademiafirenze.beniculturali.it; Öffnungszeiten: Di.–So. 8.15–18.50 Uhr). Und das vor allem wegen einer Statue, dem »**David**« von **Michelangelo**. Ihr seid David, der wunderbaren Marmorskulptur, bereits im ersten Rundgang begegnet - allerdings nur einer Kopie (erinnert ihr euch?). In der Galleria dell'Accademia steht das Original, das Michelangelo in den Jahren 1501 - 1504 schuf. Im Jahr 1873 beschlossen die Florentiner, den »echten David« in dieses Museum zu schaffen, um ihn vor Unheil zu bewahren. Er hatte zu diesem Zeitpunkt bereits ein paar Unglücksfälle überstanden: Im Jahr 1527 war eine Holzbank aus einem Fenster des Palazzo Vecchio gefallen und hatte seinen Arm an drei Stellen zerbrochen; und 1544 hatte sich ein Schulterstück von der riesigen Statue gelöst und einen vorbeigehenden Fußgänger erschlagen. Die »Reparaturen« an Arm und Schulter sind übrigens noch gut zu erkennen!

Das **Museo degli Innocenti** ❹ (Piazza SS. Annunziata, 12; Tel. +39-055-2037308; www.istitutodeglinnocenti.it; Öffnungszeiten: Mo.-Sa. 9-18.30 Uhr) befindet sich in einem ehemaligen Waisenhaus. Die reichen Kaufleute kümmerten sich auch um die Armen. So stifteten die Seidenhändler im Jahr 1419 ein Waisenhaus. Es ist von Brunelleschi, dem Architekten der Domkuppel, entworfen worden. Mit seiner Säulenhalle ist es eines der frühesten Bauwerke der Renaissance. Dort könnt ihr auf der linken Seite noch die Öffnung in der die Babies abgegeben werden konnten, entdecken. Es wurde Mitte des 15. Jahrhunderts fertiggestellt und war damit das erste Waisenhaus in Europa. An der Außenfassade könnt ihr runde, blau-weiße Abbildungen aus Terracotta, so genannte »Tondi«, erkennen. Sie wurden von Andrea della Robbia angefertigt. Dargestellt sind Neugeborene in Windeln, die als Findelkinder in das Waisenhaus aufgenommen wurden.
Für die wertvollen Kunstgegenstände die sich dort befunden haben wurde ein Museum eingerichtet. Es wurde im Juni 2016 renoviert.

Das Museum des Florentiner Domes liegt an der Piazza del Duomo gleich in der Nähe des prächtigen Kirchenbaus. Im **Museo dell'Opera del Duomo** ❸ (Piazza Duomo, 9; Tel. +39-055-2302885; www.operaduomo.firenze.it; Öffnungszeiten: Mo.-Sa. 9 - 19.30 Uhr, So. 9 - 13.30 Uhr) befinden sich wertvolle Kunstwerke aus dem Innenraum des Domes, aus dem Glockenturm und aus dem Baptisterium. Sie sind hier ganz neu in Szene gesetzt worden. Besonders schön sind die 16 Statuen der Domfassade, die zum Schutz vor dem Verfall hierher geschaffen wurden. Die Madonnenstatue von Arnolfo di Cambio ist sehr ungewöhnlich gestaltet: Habt ihr die Glasaugen der Gottesmutter bemerkt? Sie waren der Grund dafür, dass die Gläubigen lange Zeit Furcht vor dieser Statue hatten: Maria könne mit diesen Augen alle ihre Sünden sehen, glaubten sie. Von Michelangelo stammt die unvollendet gebliebene Figurengruppe der »Pietà«. Als 80-jähriger hat der Künstler mit diesem Werk begonnen, war aber damit nie zufrieden. Er soll angeblich eine fertiggestellte Statue aus Wut wieder zerschlagen haben, weil sie ihm misslungen vorkam. Michelangelo war selbst sein größter Kritiker! Neben diesen wichtigen Museen gibt es aber noch andere interessante Museen, die ihr euch vielleicht anschauen solltet.

Exotische Schmetterlinge, riesige Fliegen, Meeresschildkröten, Haie und andere Lebewesen finden sich in einem ganz besonderen Museum, dem **»Zoo-Museum La Specola«** (Via Romana, 17; Tel. +39-055-225325; www.msn.unifi.it; Öffnungszeiten: Mo.-Sa. 9.30-13 Uhr, 14-17 Uhr, So. 9.30-12.30 Uhr). Aber: Die Tiere und Insekten sind nicht lebendig, sie sind aus Wachs! Ein Tastendruck auf dem Computerbildschirm liefert Infos zum jeweiligen Tier. Das Zoo-Museum existiert bereits seit Ende des 18. Jahrhunderts. Es wurde vom Habburg-Lothringer Großherzog Peter Leopold als Naturwissenschaftliches Museum gegründet.

Jung-Ritter aufgepasst: Für euch gibt es in Florenz ein Museum, das selbst eure geheimsten Wünsche erfüllt! Das **Museo Stibbert** (Via F. Stibbert, 26; Tel. +39-055-486049; www.museostibbert.it; Öffnungszeiten: Mo.-Mi. 10-13 Uhr, Fr.-So. 10-17 Uhr) zeigt alte Waffen sowie Rüstungen und Helme von Rittern aus Europa, dem Mittleren Orient, China und Japan. Im **»Salone della Cavalcata«**, dem riesigen »Reit-Saal« des Museums, sind christliche und muslimische Ritter auf Pferden zu sehen - in Lebensgröße! Es scheint, als ob die schwer bewaffnete Ritterarmee jeden Augenblick losstürmen könnte. Wem da kein kalter Schauer über den Rücken läuft!

Ansichten von Florenz aus jüngerer Vergangenheit findet ihr im Fotomuseum der Gebrüder Alinari, dem **❻ Museo di Storia della Fotografia Alinari** (Largo Fratelli Alinari, 15; Tel.+39-055-23951; www.alinari.it; Öffnungszeiten: Do.-Di. 10-18.30). Leopoldo, Remualdo und Giuseppe Alinari waren Pioniere auf dem Gebiet der Fotografie. Bereits 1850 machten sie Fotos - sie gehören damit zu den ersten Fotografen überhaupt! Die Alinari sammelten ihre Fotografien und legten ein Fotoarchiv an. Einen Großteil der Alinari-Fotos könnt ihr in den Ausstellungsräumen sehen. Es macht Spaß, die Gebäude, Plätze und Gassen auf den alten Fotos mit ihrem heutigen Zustand zu vergleichen. Ihr werdet sicherlich einige Plätze und Bauwerke wiedererkennen!

Mit dem **Museo dei Ragazzi** (Palazzo Vecchio, Piazza della Signoria, 1; Tel.+39-055-2768224, www.museoragazzi.it; Öffnungszeiten: Mo.-So. 9-18 Uhr). Mit dem »Kinder-Museum«, hat die Stadt Florenz etwas ganz Besonderes zu bieten. Es ist kein Museum im eigentlichen Sinn, also mit einem festen Standort und mit bestimmten Ausstellungsstücken. Vielmehr hat sich unter diesem Namen eine Gruppe aus Kunstgeschichtlern und Lehrern mit einem ganz bestimmten Ziel gebildet: Diese wollen Kindern die Kunst und die Geschichte ihrer Stadt Florenz näher bringen. Dazu veranstalten sie Führungen durch den Palazzo Vecchio, durch das »Museo Stibbert«, das Naturwissenschaftliche Museum (»Museo di Storia e Scienza«) und durch die Kirche Santa Maria del Carmine. Diese Führungen sind nicht nur lehrreich, sie bieten auch eine Menge Spaß und Unterhaltung.

Im **Palazzo Vecchio** könnt ihr zum Beispiel historische Gewänder anlegen oder mit

Jahrhunderte altem Spielzeug spielen. Ihr könnt euch im Spielzimmer der Söhne des Medici-Herrschers Cosimo I. verkleiden oder beim Schattentheater mitmachen. Habt ihr Lust, die Gänge und Räume des Palazzo Vecchio zu erkunden, die normalerweise nicht zugänglich sind? Wollt ihr Geheimtreppen kennen lernen, über die die Herzöge vor der Wut des Volkes aus dem Palazzo Vecchio flüchten konnten? Wenn ja, dann beteiligt euch an den **»Geheimen Rundgängen«** durch den Palazzo Vecchio. Sie gehören zu den beliebtesten Angeboten des »Museo dei Ragazzi«. Faszinierend ist vor allem der **»Corridoio Vasariano«**, ein Geheimgang, den es schon seit Anfang des 16. Jahrhunderts gibt. Der Gang ist einen Kilometer lang und verläuft vom Palazzo Vecchio über den Ponte Vecchio zum Palazzo Pitti. Die Medici-Familie benutzte den »Corridoio«, um bei Gefahr unbeschadet in den Palazzo Pitti zu gelangen.

Museo Stibbert

Im **Museo Stibbert** führt euch ein echter Condottiere durch die Rittersammlung. Und im **Naturwissenschaftlichen Museum** schlüpft ein Schauspieler in die Rolle des bedeutenden Wissenschaftlers Galileo Galilei. Schließlich sorgt das »Museo dei Ragazzi« in der **Kirche Santa Maria del Carmine** dafür, dass ihr die Geschichte und die Entstehung der weltberühmten Fresken in der »Capella Brancacci« kennen lernt. Dabei habt ihr die Möglichkeit, selbst ein Fresko zu malen – genauso, wie es vor mehr als 500 Jahren Masolino und Masaccio in der Carmine-Kirche taten!

Kirchen in Florenz

In Florenz befinden sich Kirchen mit so vielen wertvollen Kunstwerken, dass sie eigentlich eher Museen gleichen. Von den Rundgängen kennt ihr schon einige:

Basilica di Santa Maria del Fiore (Dom)
Piazza del Duomo; Tel. +39-055-2302885;
www.ilgrandemuseodelduomo.it;
Öffnungszeiten: Fr.-Mi. 10-17 Uhr,
Do. 10-16:30 Uhr ,Sa. 10-16.45 Uhr,
So. 13.30 -16.45 Uhr,
(Campanile/Öffnungszeiten: Mo.-So. 8.30-19.30 Uhr; Kuppel/Öffnungszeiten: Mo.-Fr. 8.30-19, Sa. 8.30-17.40 Uhr)

Battistero di San Giovanni (Baptisterium)
Piazza del Duomo; Tel. +39-055-2302885;
Öffnungszeiten: Mo. 8.15-10.15 Uhr,
So. 11.15-18.30 Uhr

Chiesa/Museo Santa Maria Novella
Piazza Santa Maria Novella;
Tel. +39-055-282187;
www.museicivicifiorentini.comune.fi.it;
Öffnungszeiten: April-Sept. Mo.-Do.
9-19 Uhr, Fr. 11-19 Uhr, Sa. 9-17.00 Uhr,
So. 13-17.30 Uhr, Okt.-März
Mo.-Do. 9-17.30 Uhr, Fr. 11-17.30 Uhr

Chiesa/Museo di Orsanmichele
Via Arte della Lana; Tel. +39-055-23885
Öffnungszeiten: Di.-So. 10-17 Uhr

San Lorenzo/Museo Cappelle Medicee
(Fürstenkapelle) Piazza Madonna degli Aldobrandini, 6; Tel. +39-055-2388602;
www.cappellemedicee.it;
Öffnungszeiten: Mo.-So. 8.15-13.30 Uhr

An dieser Stelle seien noch drei Kirchen erwähnt, die etwas außerhalb eurer Rundgänge liegen: Die Kirchen Santa Croce, San Marco und Santa Maria del Carmine.

Santa Croce
Piazza Santa Croce 16; Tel. +39-055-2466105; www.santacroceopera.it;
Öffnungszeiten: Mo.-Sa. 9.30-17 Uhr,
So. 14-17 Uhr
Obwohl der Gründer des Ordens, der heilige Franziskus, Bescheidenheit und Mäßigung predigte, wollten die Franziskaner in Florenz eine große Kirche besitzen. Sie beauftragten den berühmten Baumeister Arnolfo di Cambio (Architekt vieler prächtiger Bauten in Florenz, ihr kennt ihn ja bereits) mit der Errichtung ihrer Kirche **Santa Croce**. Arnolfo di Cambio begann die Arbeiten im Jahr 1295, konnte sie aber nicht fertigstellen. Erst 1442, also nach fast 150 Jahren Bauzeit, wurde die Franziskaner-Kirche eingeweiht. Die Ordensbrüder waren dennoch mächtig stolz auf ihre Klosterkirche: Santa Croce misst 140 Meter in der Länge und ist 40 Meter breit!

Bekannt ist die Kirche Santa Croce insbesondere wegen ihrer herrlichen Ausmalung mit Fresken und ihrer zahlreichen Grabdenkmäler. Santa Croce entwickelte sich zur bekanntesten Grabstätte in Florenz. Im Innern der Kirche stoßt ihr auf kunstvoll gestaltete, riesige Grabmäler und Grabsteine berühmter Persönlichkeiten. Zum Beispiel im rechten Seitenschiff: Hier liegt Michelangelo begraben, in einem im 16. Jahrhundert errichteten Grabmal. Die Frauenstatuen auf dem **Grabmal von Michelangelo** versinnbildlichen die Malerei, die Bildhauerei und die Architektur - die Künste, die Michelangelo meisterhaft wie kein anderer beherrschte.

Neben der **Sakristei von Santa Croce**, in der eine Kutte mit Strickgürtel des heiligen Franziskus von Assisi aufbewahrt ist, liegen die **Peruzzi-Kapelle** und die **Bardi-Kapelle**. Die Wände beider Kapellen sind von Giotto bemalt worden. Während in der »Peruzzi-Kapelle« die Fresken kaum mehr sichtbar sind, sind Giottos Malereien in der »Bardi-Kapelle« sehr gut erhalten geblieben. Sie zeigen Ausschnitte aus dem Leben des heiligen Franziskus.

Kennt ihr euch in der Lebensgeschichte des Heiligen aus? Franziskus war der Sohn eines reichen Kaufmannes in Assisi. Er war ein lebenslustiger, junger Mann, der den Beruf seines Vaters übernehmen wollte. Doch urplötzlich entschied er sich, ein bescheidenes Leben zu führen und sich der Lehre und Verbreitung des christlichen Glaubens zu widmen. Franziskus legte seine teuren Kleider ab und gab sie dem Vater. Nackt blieb er mitten auf einem Platz in Assisi stehen. Sein Vater wurde so wütend, dass er Franziskus schlagen wollte. Diese Szene aus dem Leben des Heiligen ist in der »Bardi-Kapelle« auf dem Fresko »Verzicht auf Speisen« zu sehen.

Durch ein Seitenportal gelangt ihr in den ersten Kreuzgang der riesigen Klosteranlage von Santa Croce. Hier befindet sich die **Pazzi-Kapelle**. Sie wurde von Filippo Brunelleschi im 15. Jahrhundert für die Kaufmannsfamilie Pazzi errichtet. Wenn ihr die Kuppel der Kapelle genauer betrachtet, wirkt sie wie eine Miniaturausgabe der Domkuppel. Kein Wunder, schließlich war Brunelleschi auch für den Bau der Domkuppel verantwortlich. Besonders schön sind die farbigen Rundbilder aus Ton an der Innenwand der Kuppel. Sie stammen von Luca della Robbia und stellen die 12 Apostel dar.

Bevor ihr euren »Museums- und Kirchenbesuch« von Santa Croce abschließt, solltet ihr noch einen Blick in das **Refektorium** werfen. Das Refektorium liegt schräg gegenüber der »Pazzi-Kapelle« und diente früher den Franziskanermönchen als Versammlungsraum. Sie kamen hierher nicht nur zum Beten und Meditieren, sondern auch zum gemeinsamen Mahl. Deshalb befindet sich an den Wänden auch ein Abendmahl-Fresko, das Taddeo Gaddi von 1330–1340 schuf.

Diese Darstellung des Abendmahls war gewissermaßen Modell für viele nachfolgende Fresken und Bilder, die das Abendmahl wiedergeben (unter anderem auch für Leonardo da Vinci). Im ehemaligen Versammlungsraum des Klosters hängt das große, gemalte Kruzifix von Cimabue. Es stammt aus dem 14. Jahrhundert und war eines jener Kunstwerke, die während der Arno-Überschwemmung im Jahr 1966 stark beschädigt wurden.

San Marco – Kloster und Museum

Piazza San Marco 3; Tel. +39-055-2388608; Öffnungszeiten: Mo.–Fr. 8.15–13.20 Uhr, Sa.–So. 8.15–16.20 Uhr, geschl. am 1.,3.,5. Sonntag sowie am 2. und 4. Montag des Monats

Kleiner Tipp: auf dem Platz gegenüber gibt es eine wunderbare Pasticceria – Gran Caffè San Marco

Das ehemalige Dominikanerkloster von **San Marco** ist weltweit einzigartig. In keinem anderen Kloster sind die Wände der Mönchszellen mit solch herrlichen Fresken ausgemalt worden. Verantwortlich dafür zeichnet der Dominikanermönch Fra Angelico, der mit bürgerlichem Namen Giovanni da Fiesole (Giovanni »aus Fiesole«) hieß. Fra Angelico lebte im 15. Jahrhundert und hatte die Stelle des wirtschaftlichen Verwalters von San Marco inne.

Der kunstliebende Mönch machte es sich zur Lebensaufgabe, das Kloster mit herrlichen Malereien zu schmücken – einschließlich der Zellen seiner Ordensbrüder! Dazu rief er hervorragende Künstler wie Benozzo Gozzoli, Fra Bartolomeo und Ghirlandaio zu sich und beauftragte sie mit der Ausmalung. Aber auch er selbst griff zum Pinsel und schuf dabei einige der schönsten Fresken von San Marco.

Das Abendmahl in San Marco

Heute wird das Kloster von San Marco offiziell als **»Museo di San Marco«**, »San Marco-Museum«, bezeichnet. Der Eingang zu diesem Museum befindet sich gleich rechts neben dem Kirchenportal. Zunächst durchquert ihr den herrlichen **»Kreuzgang des heiligen Anton«** – benannt nach dem Vornamen des ersten Priors des Klosters, Antonino (ein Prior ist der Vorsteher einer Klostergemeinde). Dann kommt ihr in die **»Sala dell'Ospizio«**, einen großen Raum, in dem früher die Pilger beherbergt wurden. Hier befinden sich Gemälde von Fra Angelico und seinen Schülern.

Im früheren Versammlungsraum der Ordensbrüder, dem **»Kapitelsaal«**, könnt ihr das »Kreuzigungsfresko«, eines der berühmtesten Fresken von Fra Angelico, bewundern. Angeblich soll der große Maler-Mönch bei der Anfertigung des Freskos geweint haben vor Mitleid über den schmerzvollen Tod von Jesus Christus. Aber, wie gesagt, im Museum von San Marco befinden sich nicht nur Werke von Fra Angelico. Im **»Kleinen Refektorium«**, das ist der ehemalige kleine Speisesaal des Klosters, könnt ihr zum Beispiel eine wunderschöne Darstellung des »Abendmahls« von Ghirlandaio bewundern.

Eine Treppe führt euch nun in das Obergeschoss des Klosters, in das **»Dormitorium«**. Hier schliefen, beteten und schrieben die Ordensbrüder in winzigen Zellen. Vielleicht, um ihre Heimstatt abwechslungsreicher zu gestalten, vielleicht auch, um den Mönchen die Leidensgeschichte Christi bildlich vor Augen zu halten – Fra Angelico hatte jedenfalls die ungewöhnliche Idee, die Wände dieser Zellen mit Fresken auszuschmücken. Drei Jahre lang, von 1442–1445, arbeiteten er und seine Schüler an diesen Fresken. Geht ihr die Mönchszellen eine nach der anderen entlang, läuft das Leben Christi als Bildergeschichte vor euch ab: Jede Zelle zeigt eine andere Szene aus der Lebensgeschichte von Jesus Christus. Schließlich könnt ihr auch die **Wohnung des Priors**, des Klostervorstehers, besuchen. Er verfügte als einziger Ordensbruder über zwei Zellen. Der bekannteste Bewohner dieser Räume war Savonarola, der von 1491–1498 die Stelle des Priors von San Marco einnahm. Erinnert ihr euch an seinen grausamen Tod auf der Piazza della Signoria? Wenn nicht, lest noch einmal im »1. Rundgang – Florenz« nach!

Ein Meisterwerk der Kunstgeschichte in Santa Maria del Carmine

Santa Maria del Carmine
Piazza del Carmine, Tel. 055-212331; Öffnungszeiten Mo.-Sa. 10-17 Uhr, Di geschl., So. 13-17 Uhr

Wer sich von euch für Kunst interessiert, für den ist der Besuch der **Kirche Santa Maria del Carmine** Pflicht. Hier befinden sich Fresken, die zu den berühmtesten in der Kunstgeschichte zählen. Die Schöpfer dieser Meisterwerke sind zwei Maler, die ihr bereits kennen gelernt habt: Masaccio und Masolino. Vielleicht wundert ihr euch, warum gerade in der von außen so unscheinbaren Kirche Santa Maria del Carmine derart bedeutende Kunstwerke beheimatet sind. Nun, das hat vor allem mit der reichen Florentiner Familie Brancacci zu tun.

Die Brancacci handelten mit Seide und waren sehr gläubige Menschen. Um 1320 ließen sie eine Seitenkapelle in Santa Maria del Carmine errichten, die **»Brancacci-Kapelle«**. Die Familie ließ die Kapelle im Lauf der Jahrzehnte mit Kunstwerken ausschmücken. Schließlich beauftragte im Jahre 1423 ein gewisser Filippo Brancacci den Maler Masolino mit der Bemalung der Kapellenwände. Masolino, der aus einem kleinen Ort in der Nähe von Arezzo stammte, machte sich sofort an die Arbeit – immerhin mussten 40 Quadratmeter Fläche bemalt werden. Er begann mit der Decke und arbeitete sich Zentimeter für Zentimeter die Wände entlang. Als nach vier Jahren kein Ende der Arbeit in Sicht war, wurde Filippo Brancacci ungeduldig. Da beschloss Masolino, einen Malerkollegen namens Masaccio aus seinem Heimatort hinzuzuziehen.

Zum Thema für die Ausmalung seiner Kapelle hatte sich Auftraggeber Filippo Brancacci das Leben des heiligen Petrus ausgesucht. Der Kaufmann hatte kurz zuvor eine gefährliche Seereise unbeschadet überstanden und wollte deshalb die Familienkapelle Petrus widmen. Auf den Fresken könnt ihr das Leben dieses Heiligen nachverfolgen. Ergänzt wurde die Lebensgeschichte des Petrus durch die Darstellungen des »Sündenfalls« und der »Vertreibung aus dem Paradies«. Masolino übernahm die Gestaltung des »Sündenfalls«, und Masaccio kümmerte sich um die »Vertreibung aus dem Paradies«.

Die beiden Maler waren miteinander befreundet und hatten auch nichts dagegen einzuwenden, wenn der eine das Werk des anderen fortsetzte. Deshalb streiten sich die Kunstgelehrten noch heute, welche Teile der Fresken von Masolino und welche von Masaccio stammen. Man nimmt an, dass die träumerischen Elemente in den Abbildungen Masolino zuzusprechen sind, während Masaccio für eine realistischere, detailgetreue Darstellung sorgte. Im Unterschied zu Masolino, der eine fantastische, unwirkliche Welt gemalt hat, stellte Masaccio die Umgebung dar, in der er lebte: Ihr könnt reiche Händler entdecken, aber auch Arme und Kranke ausfindig machen. Und die Gebäude auf seinen Fresken sind ohne weiteres Florenz zuzuordnen - nicht einmal die zum Trocknen ins Freie gehängte Wäsche hat Masaccio ausgelassen!

Ein Gemälde von Masaccio

Bis zum Jahr 1428 arbeiteten Masolino und Masaccio an den Fresken der »Brancacci-Kapelle«, dann mussten sie ihre Arbeit unterbrechen. Sie wurden in die Vatikanstadt nach Rom gerufen, um dort die Räume des Papstes auszumalen. Erst viele Jahre später konnten die Brancacci-Fresken endgültig fertiggestellt werden.

Diesmal war es der Dominikanermönch und Maler Filippo Lippi, der herbeigerufen wurde. Lippi bemalte von 1483 bis 1485 den unteren Bereich der Längswände und die Innenseite des Eingangsbogens. Bald nach ihrer endgültigen Fertigstellung wurden die Fresken der »Brancacci-Kapelle« von Santa Maria del Carmine berühmt. Künstler wie Botticelli, Fra Angelico, Leonardo da Vinci und Michelangelo kamen in die Kirche, um sich von diesem Meisterwerk der Malkunst Anregungen für ihre eigenen Arbeiten zu holen

Museen in Siena

Palazzo Publico
Piazza del Campo, 1 - Siena;
Tel. +39-0577-292614;
Öffnungszeiten: Mo.-So. 10-18.00 Uhr
(Torre del Mangia/Öffnungszeiten: Sommer Mo.-So. 10-19 Uhr, Winter Mo.-So. 10-16 Uhr)

Santuario e Casa di Santa Caterina
Costa S.Antonio, 6; Tel. +39-0577-288175,
www.caterinati.org
Öffnungszeiten: Mo.-So. 7- 18.30 Uhr

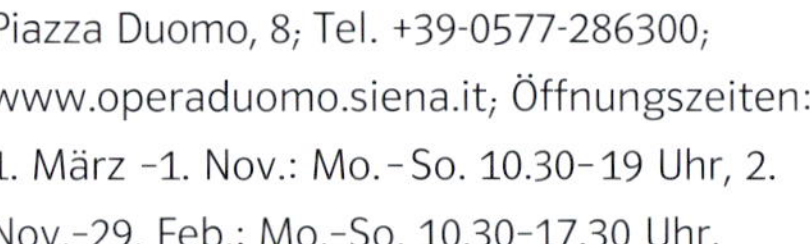

Museo dell'Opera del Duomo ❶
Piazza Duomo, 8; Tel. +39-0577-286300;
www.operaduomo.siena.it; Öffnungszeiten: 1. März -1. Nov.: Mo.-So. 10.30-19 Uhr, 2. Nov.-29. Feb.: Mo.-So. 10.30-17.30 Uhr.

Das bedeutendste Kunstwerk des »Dom-Museums«, befindet sich im ersten Stock. Dabei handelt es sich um ein Gemälde von Duccio da Buoninsegna. Es trägt den Titel »Maestà« (»Thronende Gottesmutter«) und wurde ursprünglich für den Hauptaltar des Sieneser Domes gemalt. Duccio hat auf seinem Bild die Mutter Gottes, die ja die Schutzpatronin der Stadt Siena ist, mit dem Christuskind dargestellt. Sie sind umgeben von Engeln und Heiligen. Als Duccio im Jahr 1311 die »Maestà« fertiggestellt hatte, wurde das Bild in einer feierlichen Prozession in den Dom getragen.

Pinacoteca Nazionale ❷
Via di San Pietro, 29; Tel. +39-0577-286143; www.pinacotecanazionale.siena.it; Öffnungszeiten: Di.-Sa. 8.15-19.15 Uhr, So.-Mo. 9-13 Uhr

Die »Pinakothek« von Siena, ist im mittelalterlichen Palazzo Buonsignori untergebracht. In etwa 30 Räumen sind Kunstwerke ausgestellt, die einen Überblick über die Malerei Sienas vom 13.-16. Jahrhundert bieten.

Sehenswert sind auch die gemalten Kruzifixe im zweiten Stock des Museums. Die ältesten Exemplare stammen vom Ende des 12. Jahrhunderts. Die Kruzifixe zeigen Christus als »Schmerzensmann«, das heißt, als einen von Leid und Schmerz gezeichneten Sterbenden. Im selben Geschoss befinden sich zwei Gemälde von Pietro Lorenzetti aus dem 14. Jahrhundert. Sie sind so bekannt, dass sie immer wieder in Büchern der Kunstgeschichte erwähnt werden.

Auf den Gemälden »Stadt am Meer« und »Kastell am See« hat der Künstler als einer der ersten Maler überhaupt eine reine Landschaftsdarstellung zum Thema seines Werkes gemacht. Bis dahin gab es Landschaften auf Gemälden nur als Hintergrund für Personen oder Bauwerke zu sehen. Im dritten Stock der »Pinacoteca« könnt ihr übrigens auch Kunstwerke von bedeutenden Malern aus Holland und Deutschland bewundern, unter anderem eine herrliche Darstellung des »Heiligen Hieronymus« von Albrecht Dürer.

Wer mehr über die »Contrade«, die Stadtteile von Siena, erfahren möchte, sollte ein **Museo delle Contrade** besuchen.
Zum Beispiel das Museum des Stadtteils **»Aquila«** ❸, das in einem schönen Stadtpalast aus dem 16. Jahrhundert untergebracht ist (Via del Casato di Sotto, 82; Tel. +39-0577-288086). Im Erdgeschoss hängen die »Palio«-Tücher, die Reiter und Pferde dieses Stadtviertels bei den verschiedenen Palio-Pferderennen gewinnen konnten (mehr über das »Palio«-Rennen in Siena erfahrt ihr im Kapitel »Feste«!). Das älteste Palio-Tuch stammt aus dem Jahr 1719! Die Kirche, in der das Pferd vor dem Palio-Rennen gesegnet wird, ist mit Goldschmiedearbeiten und kirchlichen Gegenständen prächtig ausgestattet. Wenn ihr euer Kommen mindestens eine Woche vorher ankündigt, wird sogar eine Filmvorführung über die von diesem Stadtteil gewonnenen Palio-Rennen veranstaltet. Also - anmelden nicht vergessen!

Kirchen in Siena

Duomo di Siena
Piazza del Duomo; Tel. +39-0577-283048; www.operaduomo.siena.it, Öffnungszeiten: Winter Mo.-Sa. 10.30-17 Uhr, Sommer Mo.-Sa. 10.30- 19.00 Uhr

Basilica di San Domenico
Piazza San Domenico; Tel. +39-0577-286848; www.basilicacateriniana.com Öffnungszeiten: Mo.-So. 7- 18.30 Uhr (Baptisterium: Piazza San Giovanni; Öffnungszeiten: Mo.-So. 9.30-19 Uhr)

Tipps – Nützliche Informationen

Wer sich vor seiner Abreise über Museen, Kirchen und sonstige Sehenswürdigkeiten in der Toskana informieren möchte, der wendet sich am besten an das Büro des Italienischen Fremdenverkehrsamtes **(Ente Nazionale del Turismo**, kurz **E.N.I.T.**) in seinem Heimatland oder besucht die Internetseiten unter **www.enit.it.**

Deutschland:
Kontorhaus Mitte · Friedrichstraße 187
10117 Berlin · Tel. +39-030-2478398
Kaiserstraße 65 · 60329 Frankfurt/Main
Tel. +39-069-259126
Lenbachplatz 2 · 80333 München
Tel. +39-089-531317
Österreich:
Kärntner Ring 4A · 1010 Wien
Tel. +39-01-505163012
Schweiz:
Uraniastraße 32 · 8001 Zürich
Tel. +39-043-4664040

In den Büros des **APT** (**Azienda di Promozione Turistica**) und der örtlichen Fremdenverkehrsämter bekommt ihr ebenfalls Antworten auf die Fragen, die euren Aufenthalt in der Toskana betreffen. Auch hier gibt es interessante Internetseiten, meist in englischer und manchmal auch deutscher Sprache.

Regione Toscana: **www.turismo.toscana.it**
Agenzia per il Turismo di Firenze:
Via A. Manzoni, 16, 50121 Firenze
Tel. +39-055-23320, **www.firenzeturismo.it**
Informationsstellen am Bahnhof
Piazza della Stazione 5 und in der
Via Camillo Cavour 1r.

Touristeninformationen in Siena
Santa Maria della Scala
Palazzo Squarcialupi
Piazza del Duomo, 1 - 53100 Siena
Tel. +39-0577-280551
www.terresiena.it
Ufficio Informazioni San Gimignano,
Piazza del Duomo 1,
Tel. +39-0577-940008,
www.sangimignano.com

Im Internet findet ihr unter folgenden Adressen weitere nützliche Informationen über die Toskana:
www.polomuseale.firenze.it (alles Wichtige über die Museen in Florenz)
www.regione.toscana.it/imprese/agricoltura (sehr nützliche Adresse für Freunde des Agritourismus)
www.comune.siena.it (Infos über Siena)
www.comune.sangimignano.si.it (für alle, die San Gimignano besuchen wollen)
www.promhotels.it (Hotels und Pensionen)

Parks und Gärten

Erholung nach den Besuchen in Kirchen, Palästen und Museen findet ihr in den weiträumigen Parkanlagen von Florenz. Es handelt sich um wunderschöne Gartenanlagen mit prächtigen Statuen und Brunnen – und auf den Bänken und großen Rasenflächen könnt ihr ein Buch lesen oder einfach nur faul in der Sonne liegen.

Der Palazzo Pitti

Giardino di Boboli – Palazzo Pitti: Um vom Zentrum zum berühmtesten Garten von Florenz zu gelangen, müsst ihr den Arno überqueren (am besten über den »Ponte Vecchio«) und dann die Via Guicciardini entlanggehen bis zu einem weiten, abschüssigen Platz, der »Piazza dei Pitti«. Das große, dreigeschossige Gebäude, das sich hier vor euch mächtig in die Breite streckt, ist der Palazzo Pitti. Dahinter liegt die Parkanlage des »Giardino di Boboli«.

Der **»Palazzo Pitti«** (Piazza Pitti, 1; Tel. +39-055-294883; Öffnungszeiten: Di.–So. 8.15–18.50 Uhr) war bis ins Jahr 1859 die Residenz der toskanischen Großherzöge. Der mittlere Teil des Gebäudes wurde bereits Mitte des 15. Jahrhunderts für den reichen Kaufmann Luca Pitti errichtet – deshalb trägt der Stadtpalast auch den Namen »Palazzo Pitti«. Später musste die Familie Pitti den Palazzo verkaufen. Neue Eigentümer wurden die Medici: Sie und die späteren Herrscher über die Toskana veranlassten, den Stadtpalast zu seiner heutigen Größe auszubauen. Das ist doch kein »Palazzo« mehr, sondern schon ein Schloss, werdet ihr sagen. Und dieser Eindruck bestätigt sich, wenn ihr die Innenräume des »Palazzo Pitti« besichtigt. Mit kostbaren Teppichen und seidenen Stofftapeten geschmückt, kunstvoll mit Stuck dekoriert oder mit Fresken ausgemalt: Die Privatgemächer der Medici und der Großherzöge aus Lothringen sind so luxuriös eingerichtet, wie es dem Lebensstil von Fürsten und Königen entspricht.

Heute beherbergen die Räumlichkeiten des »Palazzo Pitti« mehrere Museen: Eine sehr berühmte Gemäldesammlung mit Werken von Raffael, Tizian, Rubens und vielen anderen bedeutenden Malern (die **»Galleria Palatina«)** findet ihr im ersten Stock des »Palazzo«; eine Sammlung Moderner Kunst und eine sehr interessante Sammlung alter Trachten und Kleider befinden sich im zweiten Stock; auch die Schatzkammer der Medici im Erdgeschoss ist heute ein Museum, das »Museo degli argenti«. Es zeigt unzählige kostbare Vasen, Skulpturen, Gefäße aus Porzellan und Silber, Teppiche sowie Arbeiten aus Elfenbein oder Bernstein. Nicht übersehen solltet ihr das **»Museo delle carozze«**, das

Wer Entspannung sucht, ist im Boboli-Park genau richtig.

»Kutschen-Museum«, mit herrlich ausgeschmückten Kutschen aus dem 18.–19. Jahrhundert (ebenfalls im Erdgeschoss).

Wenn euch diese kulturellen Angebote nicht verlocken (vielleicht habt ihr ja später mehr Lust?) und ihr gleich den Weg zum »Giardino di Boboli« einschlagt, dann geht durch das gewaltige Hauptportal. Dieses führt in den **Innenhof** des Stadtpalastes.
Die schöne Parkanlage des »Giardino« liegt dahinter und ist durch die geöffneten Arkaden oben bereits zu sehen. Aber bevor ihr weitergeht, solltet ihr der **»muletta«** noch die Ehre erweisen: Am Ende der linken Loggia des Innenhofes steht die Statue des Herkules, und darunter ist im Sockel das Relief einer Mauleselin (auf Italienisch »muletta«) eingearbeitet. Diese musste bei den Bauarbeiten des Hofes Schwerstarbeit verrichten – und dafür hat sie sich ein Denkmal verdient, findet ihr nicht?

Der **»Giardino di Boboli«** ist eine der schönsten und abwechslungsreichsten Parkanlagen in der Toskana. Er erstreckt sich über eine riesige Fläche (fast 45.000 Quadratmeter) am Hang des Boboli-Hügels (daher der Name). Was wollt ihr sehen? Ihr habt die Qual der Wahl: geheimnisvolle Grotten, Hecken in Form von Tieren – die wie kleine Monster aussehen – aufregende Wasserspiele, Maskenbrunnen, wunderschöne Statuen, sogar ein Heckenlabyrinth... und das ist noch lange nicht alles! Zu Beginn war der »Giardino di Boboli« eigentlich nur ein großer Garten der Familie Pitti mit Obst- und Olivenbäumen. Die entscheidenden Veränderungen unternahmen die Medici: Sie verwandelten den »Giardino« in eine Art Erlebnis- und Freizeitpark, den sie ständig erweiterten und umgestalteten.

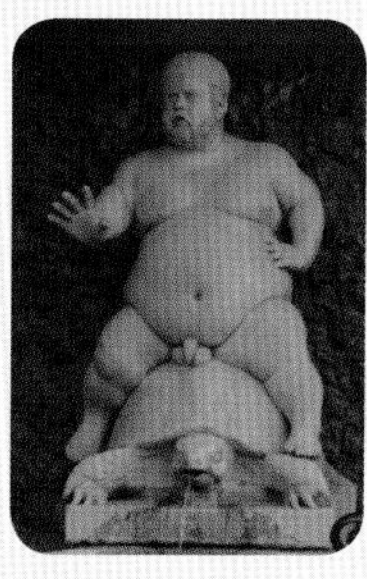

Am besten, ihr beginnt euren kleinen Rundgang durch den Boboli-Garten am so genannten »Bacchus-Brunnen«. Ihr geht vor dem großen Artischockenbrunnen nach links am »Palazzo Pitti« entlang zum Seiteneingang. Dort, an einer Mauerwand, reitet die lebensgroße Figur des Bacchus auf einer Schildkröte. Aber ob dies auch tatsächlich der römische Gott des Weines ist? Die Florentiner behaupten, die Skulptur aus dem 16. Jahrhundert zeige den Hofzwerg von Cosimo I., dem Medici-Herrscher. Wie auch immer, sie ist jedenfalls ziemlich lustig anzusehen!

Ein Stück weiter, und ihr steht vor einer tiefen, mit großen Statuen ausgestatteten Grotte. Sie wurde Ende des 16. Jahrhunderts von einem Künstler namens Buontalenti erschaffen und wird deshalb als **»Buontalenti-Grotte«** bezeichnet. Buontalenti hatte die Idee, dass die abgebildeten Menschen und Tiere gewissermaßen den Felsen und seinen Stalagmiten entwachsen sollten. Und tatsächlich, die Schäfer mit ihren Schafen, die Nymphen und vielerlei exotisches Getier sind wie aus dem Stein herausgeschält. Die Decke und die Wände der Grotte sind mit zahlreichen Tieren bemalt – könnt ihr die Wildkatze und die Affen erkennen? In den Nischen seht ihr vier lebensgroße Sklaven aus Gips. Es sind Kopien von Statuen, die der große Michelangelo geschaffen hat (die Originale stehen im »Accademia- Museum«).

Jetzt geht ihr ein Stück den Hang hinauf bis zum **»Amphitheater«**. Wie der Name schon sagt, ähnelt es in seiner Bauweise dem römischen Amphitheater. Im 16. Jahrhundert fanden hier aufwändige Festzüge statt und es wurden Theaterstücke veranstaltet. Das große Granitbecken aus Marmor stammt aus Rom, und zwar aus den antiken Thermen des Caracalla. Sowohl das Becken als auch der Obelisk in seiner Mitte wurden im Jahr 1841 aus Rom hierher gebracht. Der Obelisk ist über 3500(!) Jahre alt. Die Römer transportierten ihn einst aus der ägyptischen Stadt Luxor bis in ihre Hauptstadt.

Der Rundgang führt euch nun weiter bergauf, bis ihr einen weiteren Brunnen erreicht. In seinem Wasser züchteten die Bewohner des »Palazzo Pitti« früher ihre Fische – sehr zur Freude Neptuns, der als riesige Statue dem lustigen Treiben der Fische unter ihm tagtäglich zusehen durfte. Ihr braucht jetzt natürlich auch nicht lange zu raten, wie der Brunnen heißt: natürlich **»Neptun-Brunnen«**!

Immer höher geht's nun hinauf, an einer weiteren riesigen Statue vorbei, bis ihr den

Im »Kavaliersgarten«

»Kavaliersgarten« erreicht. Endlich habt ihr den »Boboli-Hügel« erklommen! Das kleine Gebäude im »Kavaliersgarten« diente früher den Großherzögen als Studierzimmer. Heute ist darin ein Porzellan-Museum. Hübsch anzusehen ist auch der »Affenbrunnen« aus dem 17. Jahrhundert, mit den kleinen Äffchen in der Mitte des Brunnens. Vom »Kavaliersgarten« genießt ihr nach allen Seiten einen wunderbaren Ausblick: Direkt unter euch erstreckt sich der »Giardino di Boboli«, etwas weiter zeichnet sich die Silhouette von Florenz ab; und auf der rückwärtigen Seite des Hügels beginnt bereits die sanfte toskanische Hügellandschaft des Florentiner Umlandes.

Bevor es wieder zurück zum »Palazzo Pitti« geht, habt ihr nach dieser kleinen »Bergbesteigung« eine Belohnung verdient. Gleich in der Nähe könnt ihr ein grün gefärbtes Gebäude mit einer Kuppel ausfindig machen. Keine Angst - es handelt sich dabei nicht um ein weiteres, kulturell sehr bedeutendes Gebäude. Nein, viel besser: Es ist ein **Kaffeehaus** mit leckerem Speiseeis, kühlen Getränken und tollem Kuchen!

Hier noch einmal die Eingänge und die Öffnungszeiten des »Boboli-Gartens«: Der »Giardino« ist zu erreichen über den Innenhof des Palazzo Pitti, über die »Via Romana« (bei der »Porta Romana«) und über die »Forte di Belvedere«. Öffnungszeiten: 8.15–16.30 Uhr (Juni bis August 8.15–19.30 Uhr); Tel. +39-055-2651838.

Forte di Belvedere (Costa San Leonardo; Öffnungszeiten: Di.–So. 10.30–19.00 Uhr) Die »Festung der schönen Aussicht« *(so die Übersetzung aus dem Italienischen)* wurde 1590 von keinem geringeren als dem großen Michelangelo entworfen. Die Befestigungsanlage diente der Medici-Familie als Festung, als Zufluchtsort bei Kriegen und Aufständen. Aus der Vogelperspektive würdet ihr sehen, dass die dicken Festungsmauern einen sternförmigen Grundriss bilden. In der Mitte befindet sich ein kleiner Familienpalast, die »Palazzina di Belvedere«.

Noch heute sind Teile der alten Ausstattung des »Forts« erhalten: Die Mauern mit ihren Schießscharten, das Fallgitter über dem Eingang und die tiefen Rillen auf der Zufahrt - Spuren der mit schweren Kanonen beladenen Pferdewagen, die hier einst ein und aus fuhren. Heute nutzen Einheimische und Touristen die Befestigungsanlage zur Erholung und zum Spazierengehen. Auf den Wiesen spielen Kinder und Erwachsene Fußball oder Frisbee – und genießen dabei einen wunderbaren Blick auf Florenz!

Giardino delle Cascine: Der »Garten der Cascine« (Eingang: Piazza Vittorio Veneto) ist bei den Florentinern sehr beliebt – und das schon seit Jahrhunderten. Früher weideten auf den Wiesen entlang des Arno Kühe, und der Name »Cascine« weist darauf hin, dass es in der Nähe auch zahlreiche Kuhställe gegeben haben muss. Lange Zeit war der Park später mit seinen langen Baumalleen nur den Großherzögen zugänglich. Doch seit 1750 darf sich hier jedermann erholen und vergnügen. Im »Giardino delle Cascine« befinden sich Sportanlagen, wo ihr Tennis oder diverse Ballspiele spielen könnt, sowie ein Schwimmbad. Auch eine Pferderennbahn, ein so genanntes »Ippodromo«, ist vorhanden. Im Park gibt es sogar eine Pyramide und einen Obelisken – nur, die sind nicht leicht zu entdecken! Ist das nicht eine Aufgabe für die Detektive unter euch?

Orto Botanico : Der Botanische Garten von Florenz (Via Pier Antonio Micheli 3 ; Tel. +39-055-2756444; Öffnungszeiten: 1.Apr.–15.Okt. 10–19.00 Uhr, 16.Okt. –31.März Sa. und So. 10– 16.00 Uhr) ist auch unter dem Namen »Giardino dei Semplici« bekannt. Das Wort »Semplici« ist eine alte italienische Bezeichnung für Kräuter. Bereits im Jahr 1550 wurde der Botanische Garten von Medici-Großherzog Cosimo I. angelegt – und ist damit einer der ältesten Botanischen Gärten der Welt. Auf einer Fläche von 20.000 Quadratmetern könnt ihr über 9.000 Pflanzen und Baumarten bewundern. Darunter befinden sich – im Freien oder in Gewächshäusern – so exotische Exemplare wie der indische Kastanienbaum, der Bananen-, der Ananas- und der Brotbaum, die Schwarze Palme und viele andere mehr.
Tipp: Durch den Botanischen Garten werden auch Führungen angeboten!

Piazzale Michelangelo/Iris-Garten: Die **»Piazzale Michelangelo«** ist zwar keine Parkanlage, aber von hier führen zahlreiche Gassen und Wege zu Aussichtsplätzen und Gärten mit wunderschönem Blick auf die Altstadt von Florenz. Der »Piazzale Michelangelo« wird deshalb auch als der »Balkon von Florenz« bezeichnet.
Neben der prachtvollen Aussicht auf die Stadt und das Arno-Tal ist der Platz auch wegen seiner Statuen sehenswert. Unter anderem könnt ihr hier noch einmal eine Kopie von Michelangelos »David« in all seiner Pracht und Größe bewundern.

Auf keinen Fall versäumen solltet ihr einen Besuch des **»Iris-Gartens«** gleich in der Nähe. Die »Iris«-Blume, mit anderem Namen »Schwertlilie«, ist das Symbol von Florenz und auf fast allen Stadtwappen abgebildet. Diese Blume wird von den Stadtbewohnern besonders geliebt. Jedes Jahr veranstalten die Florentiner einen Wettbewerb, bei dem der Züchter gewinnt, der die Iris mit der rötlichsten Farbe züchten konnte.

Feste und Feiertage

In der Toskana sind insbesondere Florenz und Siena stolz auf ihre Feste. Einige dieser Feste, wie der »Scoppio del Carro« in Florenz und der »Palio« in Siena, sind weit über die Grenzen Italiens hinweg bekannt und sehr beliebt. Als in Florenz die Medici-Fürsten regierten, war die Zahl der Feste und Feiertage noch viel größer. Immer, wenn ein fremder König oder Herzog, der Papst oder ein Bischof Einzug in die Arno-Stadt hielt, wurde daraus ein Festtag: Stadttore, Plätze und Gebäude wurden prunkvoll geschmückt und aufwändige Feierlichkeiten veranstaltet.

Der **»Scoppio del Carro«** ist der Höhepunkt der Oster-Festtage in Florenz. »Scoppio del Carro« heißt übersetzt »Wagenexplosion«, und genau die findet auf dem Domplatz zwischen Dom und Baptisterium statt. Seit dem 16. Jahrhundert ist der Ablauf unverändert: Am **Ostersonntag** ziehen Ochsen einen 6 Meter hohen Holzkarren vor das Baptisterium. Begleitet wird der Karren von Fahnenträgern und Vertretern der Stadtviertel, die allesamt in farbenfrohen Kostümen stecken. Das Wichtigste ist jedoch der Inhalt des Holzkarrens. Darin befinden sich zahlreiche Feuerwerkskörper und ein Behälter, in dem ein Feuer lodert.

Der »Scoppio«, also die Explosion des Wagens, findet nach dem Oster-Gottesdienst statt. Ein Eisenseil wird vom Karren durch das Domportal zum Hauptaltar gespannt. Entlang dieses Seiles fliegt zischend und Funken sprühend eine Rakete. Dieser Feuerwerkskörper hat die Form einer Taube, was mit dem Tod der heiligen Reparata zusammenhängt. Wie ihr bereits wisst, ist die heilige Reparata eine der Schutzheiligen von Florenz. Es wird erzählt, dass, nachdem sie enthauptet worden war, eine Taube aus ihrem Hals in Richtung Himmel flog. Und an dieses wundersame Ereignis erinnert die Tauben-Rakete.

Die Rakete wird im Dom gestartet und knallt auf den Karren, in dem sich Feuerwerkskörper und Feuer befinden. Was dann passiert, könnt ihr euch vorstellen: Der Karren explodiert unter lautem Geknalle und Ge-töse. Sollte das Ganze daneben gehen und keine Explosion stattfinden, bedeutet das nichts Gutes: Der Überlieferung nach werden die Geschäfte und die Ernte der Florentiner in diesem Jahr schlecht verlaufen.

Der wichtigste Schutzpatron von Florenz ist Johannes der Täufer. Deshalb ist das **Johannisfest** am **24. Juni**, dem Namenstag des Heiligen, das größte Fest des Jahres in der Stadt. Im Mittelalter, bis ins 15. Jahrhundert, wurde das Johannisfest drei Tage lang gefeiert. Überall in der Stadt gab es Ritterturniere, Pferderennen und Stierkämpfe. Der Platz zwischen Dom und Baptisterium war überdacht von einem riesigen blauen Tuch mit vielen kleinen Goldsternchen darauf.

Heute ist der Höhepunkt des Johannisfestes ein **Festzug** mit anschließendem Fußballspiel. Das ist nichts Besonderes, werdet ihr denken - aber da habt ihr euch getäuscht! Am Festzug beteiligen sich über 500 Personen in farbenprächtigen Kostümen und mit Waffen aus dem 15. Jahrhundert. Der Festzug endet an der »Piazza Santa Croce«. Dieser Platz ist einer der ältesten Plätze in Florenz. Seit dem 16. Jahrhundert dient er am Johannistag als Spielfeld für den »Calcio Fiorentino«, einem ganz besonderen Fußballspiel.

Der **»Calcio Fiorentino«**, der »Florentiner Fußball«, ist eine eigenartige Mischung aus Rugby, Ringen und Fußball. Dabei stehen sich zwei Mannschaften zu je 27 Spielern gegenüber. Die Spieler tragen Hosen wie im 16. Jahrhundert, dazu aber moderne Turnschuhe. Zur Mannschaftsaufstellung eines jeden Teams gehören: 4 Torwarte, 3 Verteidiger, 5 Mittelfeldspieler und 15 Angreifer! An den Schmalseiten des Platzes befinden sich die Tore, in die ein Lederball geschossen werden muss.

Regeln gibt es (fast) keine, vom Schubsen und Stoßen über Beißen und Kratzen

ist alles erlaubt. Gewinner ist, wer nach 50 Minuten Spielzeit die meisten Tore geschossen hat - fast wie beim normalen Fußball also!

Oft ist am Spielende nur ein kleiner Kreis von Spielern übrig geblieben, denn die anderen sind wegen größerer und kleinerer Verletzungen bereits ausgeschieden. Wie sehr die Florentiner dieses teilweise brutale Spiel lieben, beweist folgende Geschichte: Im Jahr 1530 wurde Florenz von den Truppen von Kaiser Karl V. belagert. Trotzdem fand auf der »Piazza Santa Croce« ein Fußballspiel statt. Da flog plötzlich eine Kanonenkugel auf das Spielfeld. Zum Glück explodierte sie nicht und verletzte niemanden. Als ob nichts gewesen wäre, setzten die Mannschaften einfach ihr Spiel fort.

Nicht versäumen solltet ihr das tolle **Feuerwerk**, das die Festlichkeiten am Abend des Johannistages abschließt. Es wird vom Piazzale Michelangelo aus abgefeuert und ist von allen größeren Plätzen der Stadt gut zu sehen. Den besten Blick genießt ihr von einer der Arno-Brücken oder direkt vom Arno-Ufer aus.

Wie der »Calcio Fiorentino«, geht auch das **Laternenfest »La Rificolona«** am **7. September** auf einen alten Brauch zurück. Früher kamen die Bergbauern aus der Umgebung zum Marienfest, also zum Geburtstag der Mutter Gottes, nach Florenz. An diesem Tag durften sie ihre Waren auf dem Markt anbieten. Da sie bereits am Vorabend anmarschierten, benötigten sie Laternen auf ihrem Weg im Dunkeln. Und genau daran erinnert das »Laternenfest«. Die Kinder basteln die Laternen aus buntem Papier und stellen Kerzen hinein. Am Abend erstrahlt dann Florenz im Glanz der Laternen, sie hängen an Fenstern oder werden an langen Stangen durch die Stadt getragen.

Der **»Palio« von Siena** ist weltberühmt. Dabei handelt es sich um ein Pferderennen, das zweimal im Jahr, am **2. Juli** und am **16. August**, mitten in der Stadt auf der »Piazza del Campo« veranstaltet wird. Der Gewinner erhält den »Palio«, das ist ein Banner aus Seide mit dem Bildnis der Mutter Gottes. Aber es ist nicht dieser Preis, der den Wettkampf zu einer großartigen Veranstaltung werden lässt. Vielmehr sind es die Jahrhunderte alten, tief in den Einwohnern verwurzelten Traditionen, die durch den »Palio« in Siena wieder erweckt werden. Seit wann es den »Palio« gibt, ist ungewiss. Bereits im 13. Jahrhundert fanden in der Stadt Ochsen- und Stierjagden und auch Pferderennen statt. In seiner heutigen Form wird der »Palio« seit dem 17. Jahrhundert veranstaltet.

An der **»Corsa del Palio«**, dem Paliorennen, dürfen die »Contrade«, die Stadtteile Sienas, teilnehmen. Jede »Contrada« stellt einen Reiter, dem vier Tage vor dem Wettkampf ein Rennpferd zugelost wird. Die ausgelosten Pferde dürfen nicht getauscht und weder bei Krankheit noch Tod ersetzt werden. Damit ihnen vor dem Rennen nichts passiert, werden sie Tag und Nacht bewacht. Am Renntag schließlich werden Pferd und Reiter mit den Worten »Geh und kehre als Sieger zurück!« gesegnet. Vor dem »Palio« findet noch ein farbenfroher Festzug statt, auf dem die Bewohner der Stadtteile sich in Kostümen aus dem 15. Jahrhundert sowie mit ihren Wappen und Fahnen präsentieren. Dann kann's losgehen!

Pferd und Reiter müssen dreimal rund um den Platz, das macht eine Strecke von ungefähr einem Kilometer. Geritten wird ohne Sattel und Zaumzeug, der Reiter ist nur mit einer Peitsche ausgestattet. Während des Rennens sind alle Tricks und Behinderungen des Gegners erlaubt. So dient die Peitsche nicht nur dazu, das Pferd anzuspornen, sondern auch den Gegner beim Reiten zu »stören«. Der »Palio« ist deshalb ein Pferderennen, bei dem mit Stürzen von Pferd und Reiter immer zu rechnen ist. Die Zuschauer verfolgen das wilde Spektakel dichtgedrängt von der Platzmitte aus. Es gibt auch Plätze auf den Terrassen der umliegenden Bars und Restaurants, aber die Preise sind stolz und die Plätze meist schon ein Jahr vorher ausgebucht.

Das spektakuläre Palio-Pferderennen in Siena

Das siegreiche Pferd wird genauso gefeiert und verehrt wie der Reiter. Der Stadtteil, der den »Palio« gewonnen hat, steigert sich in einen wahren Siegesrausch: Es wird bis spät in die Nacht gefeiert, Festessen werden veranstaltet, und jede Familie im Stadtteil hängt stolz die Contrada-Fahne aus dem Fenster.

Der krönende Abschluss des »Palio« ist die **»Cena della Vittoria«**, das »Abendessen des Sieges«. Dann sitzen in den Straßen und Gassen des siegreichen »Contrada«-Stadtteiles bis zu 4.000 Personen an den Tischen und lassen es sich schmecken. Auch das Pferd ist von diesen Feierlichkeiten nicht ausgeschlossen. Ihm gebührt der Ehrenplatz am Tischende!

Ein weitaus weniger spektakuläres, aber doch sehr schönes Fest wird in Siena am **8. September**, dem Geburtstag der Mutter Gottes, veranstaltet. An diesem Tag findet das **»Fest der Tabernakel«** statt. Alle Tabernakel der Stadt werden mit Blumen, Obst, bunten Papierstreifen und Girlanden auf das Liebevollste geschmückt. Die Kinder hängen kleine Figuren und Zeichnungen an die Altäre und an die Marienbilder und bitten die Gottesmutter um Erfüllung ihrer geheimen Wünsche. Auch ihr seid dazu herzlich eingeladen und solltet euch diese Gelegenheit nicht entgehen lassen!

Hotels, Pensionen und Agriturismo

In der Toskana könnt ihr unter einer Vielzahl von Unterkunftsmöglichkeiten wählen. Das Angebot reicht von der luxuriösen Villa über den stilvoll eingerichteten Stadtpalast bis hin zu Unterkünften in ruhigen Klosteranlagen. Eine schöne und meist auch preiswertere Form des Wohnens stellt der Urlaub auf dem Bauernhof dar. Dieser so genannte Agriturismo bietet erholsame Ferien in der Toskana, inmitten ihrer wunderbaren Landschaft. Für Städtereisen gilt: Teilweise auch renommierte Hotels reduzieren außerhalb der Hochsaison *(April bis Oktober)* ihre Zimmerpreise beträchtlich. Sehr zu empfehlen ist allerdings in jedem Fall eine frühzeitige Reservierung - vor allem Florenz ist für Touristen aus aller Welt zu jeder Jahreszeit ein beliebtes Reiseziel!

Infos zu Unterkunftsmöglichkeiten:
Azienda per il Turismo di Firenze
Via A. Manzoni, 16, 50121 Firenze
Tel. +39-055-23320; www.firenzeturismo.it
oder in den Info-Ständen am Flughafen
Tel. +39-051-315874 sowie am Bahnhof
Ostseite; Tel. +39-055-212245
Hotelverband Florence Promhotels
Viale Volta, 72, 50121 Firenze
Tel. +39-055-553941; www.promhotels.it
Reservation Center
Viale Don Minzoni, 11r, 50129 Firenze
Tel. +39-055-333403; www.familyhotels.com

Azienda di Promozione Turistica di Siena
Via di Città, 43, 53100 Siena
Tel. +39-0577-42209; www.terresiena.it

Hotelverband Hotels Promotion
Piazza Madre Teresa di Calcutta, 5,
53100 Siena; Tel. +39-0577-288084
www.hotelsiena.com

Möglichkeiten für **Bed and Breakfast** (Appartments und Privatzimmer für längere Aufenthalte)
www.bbitalia.it; www.airbnb.de

Für **Jugendherbergen** gibt es allgemeine Infos beim Italienischen Verband der Jugendherbergen **Associazione Italiana Alberghi della Gioventù**
Via Cavour, 44; 00184 Roma;
Tel. +39-06-4871152, www.ostellionline.org;
Achtung: Für Übernachtungen braucht ihr immer einen Jugendherbergsausweis!

Für **Campingplätze** findet ihr Informationen bei **Federazione Italiana del Campeggio**, Via Vittorio Emanuele, 11, 50041 Calenzano; Tel. +39-055-882391,
www.federcampeggio.it

Die Toskana bietet auch vielfältige Möglichkeiten für **Ferien auf dem Bauernhof**. Auf italienisch heißt das **Agriturismo**.

Turismo Verde
www.turismoverde.it

Terranostra
www.terranostra.it

Consorzio Terre Di Firenze
Piazza San Firenze, 3, 50122 Firenze; Tel. +39-055-2396362, www.terredifirenze.it

Eine besonders schöne Adresse für Pecorino-Freunde in der Nähe von Siena: **www.vergelle.it**

Florenz

Hotels

Hier einige Hotel-Tipps, geordnet nach Preis- und Ausstattungskategorien:

Hotel Alessandra ★★
Borgo Santi Apostoli, 17; Tel. +39-055-283438; www.hotelalessandra.com
schönes Hotel in romantischem Gebäude

Hotel Casci ★★
Via Cavour, 13; Tel. +39-055-211686
www.hotelcasci.com
preiswerte Herberge, Familienbetrieb

Hotel Adam ★★
Via Monalda, 1, Piazza Strozzi; Tel. +39-055-210369
ruhig und doch mitten in der Altstadt, sehr günstige Preise

Centro ★★
Via de Ginori, 17;
preiswert, geräumige Zimmer

Hotel Botticelli ★★★
Via Taddea, 8; Tel. +39-055-290905
www.hotelbotticelli.it
direkt am Markt San Lorenzo, komfortabel

La Scaletta ★★★
Via Guicciardini, 13; Tel. +39-055-283028
www.hotellascaletta.it
große Terrasse mit tollem Blick auf die Stadt

Albergo Loggiato Dei Serviti ★★★
Piazza SS.Annunziata, 3; Tel. +39-055-289592; www.loggiatodeiservitihotel.it
stilvoll eingerichtet, Stadthaus 16. Jhdt.

Hotel Le Due Fontane ★★★
Piazza SS.Annunziata, 14;
Tel. +39-055-210185
www.hotelleduefontaneflorence.com
nett eingerichtete Zimmer

Palazzo dal Borgo, Hotel Aprile ★★★
Via della Scala, 6; Tel. +39-055-216237
www.hotelpalazzodalborgo.it
kleines Hotel in der Nähe der Piazza Santa Maria Novella

Hotel La Residenza ★★★
Via Tornabuoni, 8; Tel. +39-055-218684
elegante Atmosphäre

Hotel Roma ★★★★
Piazza Santa Maria Novella; Tel. +39-055-210366; www.hotelromaflorence.com
verkehrsgünstig

Hotel Rivoli ★★★★
Via della Scala, 33; Tel. +39-055-27861
www.hotelrivoli.it
gute Lage im Zentrum

Hotel Monna Lisa ★★★★
Borgo Pinti, 27; Tel. +39-055-2479751
www.monnalisa.it
in schönem Stadtpalast aus 16. Jhdt.

Grand Hotel Minerva ★★★★
Piazza Santa Maria Novella, 16;Tel. +39-055-27230
www.grandhotelminerva.it
mit Restaurant und Schwimmbad

Villa Belvedere ★★★★
Via B. Castelli, 3; Tel. +39-055-222501
www.villabelvederefirenze.it
in schöner Lage außerhalb der Stadt, mit Garten, Swimmingpool und Tennisplatz

Private Appartements und Zimmer

Tourist House Ghiberti
Via M. Bufalini, 1; 50122 Firenze;
Tel. +39-055-284858
www.touristhouseghiberti.com
tolle Lage in der Nähe des Doms, stilvoll eingerichtete Zimmer mit viel Komfort

Jugendherbergen

Ostello della Gioventù »Villa Camerata«
Viale Righi, 2-4; Tel. +39-055-601451
www.ostellofirenze.it
in wunderschöner Stadtvilla, 15. Jhdt., von Park umgeben, Busverbindung in Altstadt

Ostello della Gioventù »Santa Monaca« Via Santa Monaca, 6; Tel. +39-055-268338
www.ostellosantamonaca.com
im Stadtviertel San Frediano

Camping

Michelangelo
Viale Michelangelo, 80
Tel. +39-055-6811977 unterhalb des berühmten Platzes, Busverbindungen in Altstadt

Villa Camerata
Viale Righi, 2-4; Tel. +39-055-6014451
www.ostellofirenze.it
im Park der gleichnamigen Jugendherberge einige Stellplätze

Panoramico
Via Peramonda, 1, Fiesole
Tel. +39-055-599069
www.florencevillage.com
in Fiesole, außerhalb der Stadt, aber mit Buslinie in die Innenstadt

Siena

Hotels

Hotel Castagneto ★★★
Via dei Capuccini, 39; Tel. +39-0577-45103
Hotel mit angenehmer Atmosphäre

Hotel Duomo ★★★
Via Stalloreggi, 38; Tel. +39-0577-289088
www.hotelduomo.it
eben ganz in der Nähe des Doms

Palazzo Ravizza ★★★
Via Pian dei Mantellini, 34;
Tel. +39-0577-280462;
www.palazzoravizza.it
in schönem Palazzo

Villa Scacciapensieri ★★★★
Strada dei Scacciapensieri, 10;
Tel. +39-0577-41441;
www.villascacciapensieri.it
höhere Preisklasse, luxuriös eingerichtet

Garden Hotel ★★★★
Via Custoza, 2; Tel. +39-0577-567111;
www.gardenhotel.it
mit Schwimmbad und Tennisplatz

Private Zimmer

Palazzo Bruchi
Via Pantaneto, 105, 53100 Siena;
Tel. +39-0577-287342
www.palazzobruchi.it
schöne, geräumige Zimmer

Camping

Campeggio Siena Colleverde
Strada di Scacciapensieri, 47
Tel. +39-0577-332545
www.campingcolleverde.com

San Gimignano

Hotels

Leon Bianco ★★★
Piazza della Cisterna, 13;
Tel. +39-0577-941294;
www.leonbianco.com
mitten in der Altstadt, moderate Preise

Hotel Villa Belvedere ★★★
Via Dante, 14; Tel. +39-0577-940539;
www.hotelvillabelvedere.net
etwa außerhalb, mit Garten und Pool

Private Zimmer

Fattoria Guicciardini ★
Viale Garibaldi, 2/A, San Gimignano;
Tel. +39-0577-907185
www.guicciardini.com
mit allem Komfort

Essen in der Toskana

Die Toskana ist selbst in Italien, wo bekanntermaßen die Menschen viel Wert auf gutes Essen legen, berühmt für ihre herausragende Küche. In der Toskana werden die Speisen oft auf eine einfache Art zubereitet, was ihre Qualität um so mehr hervorhebt. Fleisch, Fisch oder Nudelgerichte haben die Toskaner am liebsten **»genuino«**, also unverfälscht. Das bedeutet, dass die Speisen nur vorsichtig gewürzt werden. Als Zugabe gibt es meist einen Schuss gutes Olivenöl und ein bisschen Salz und Pfeffer.

Die Küche in der Toskana und in Florenz ist reich an außergewöhnlich leckeren Spezialitäten. Eine Auswahl daraus bietet das folgende »Spezialitäten-Lexikon«. Es erklärt euch, was sich auf der Speisekarte hinter so seltsamen Wörtern wie **»crostini«**, **»ribollita«**, **»bistecca alla fiorentina«** oder **»cenci«** verbirgt.

Antipasti = *Vorspeisen*

Crostini: Das sind geröstete Weißbrotscheiben, die mit Mozzarella, Tomaten, Sardellen oder Kapern belegt werden. Eine besondere Variante davon ist die »Fettunta«, bei der die Brotscheibe nur mit Olivenöl bestrichen und mit Knoblauch eingerieben wird.

Finocchiona: Eine dicke, grob gehackte Salami, die mit Kümmel und Fenchelsamen gewürzt ist. Meist wird die »Finocchiona« gemeinsam mit dem rohen toskanischen Schinken, dem »prosciutto crudo toscano«, als Vorspeisenteller serviert.

Primi = *Erste Hauptspeisen*

Ribollita: Besonders gern mögen die Toskaner Suppen. Die »Ribollita« ist eine Gemüsesuppe mit Brotstückchen und weißen Bohnen. Des Weiteren gibt es noch die »Pappa col pomodoro«, eine Tomatensuppe, die mit Knoblauch und Basilikum gewürzt und ebenfalls mit Brotscheiben serviert wird. Die »Zuppa di fagioli« schließlich ist eine Gemüsesuppe mit weißen Bohnen.

Fagioli all'uccelletto: Das sind weiße Bohnen mit Tomatensoße und Salbei. Ihr könnt die »Fagioli« sowohl als Vorspeise wie auch als Beilage zum Hauptgericht essen.

Nudeln: Die gibt es in allen Größen und Formen und mit allen möglichen Soßen.

Eine toskanische Spezialität sind »Pici«, das sind lange, dicke hausgemachte Nudeln. Unbedingt probieren!

Secondi = *Zweite Hauptspeise*

Bistecca alla fiorentina: Das »echte« Florentiner Steak besteht aus dem Fleisch des »chianina«-Rinds, einem Rind, das in der Toskana gezüchtet wird. Für das Steak nimmt man ein Lendenstück, das mindestens 5 Zentimeter dick geschnitten wird. Das Steak wird gegrillt und mehr oder weniger durchgebraten serviert (»al sangue« bedeutet wenig durchgebraten, also innen noch roh). Gewürzt wird das Fleisch mit etwas Salz und Pfeffer. Zuletzt kommt noch ein Schuss Olivenöl darüber - fertig!

Salsicce: Bratwürste; sie bestehen aus einer Füllung grob gehackten und gewürzten Hackfleisches. Beliebt ist die Kombination »Salsicce« mit »Fagioli all'uccelletto« (siehe links!).

»Pollo alla diavola«: Das »Teufels-Huhn« ist ein gegrilltes Hähnchen, das kräftig mit Rosmarin und Salbei gewürzt wird.

Polpette: Die toskanische Version der Bulletten, Hamburger, Fleischpflanzl - oder wie die Fleischbällchen aus Hackfleisch allesamt noch genannt werden!

Contorno = *Beilage*

Verdure fritte: Darunter versteht man in Öl herausgebackenes Gemüse, zum Beispiel Artischockenherzen oder Zucchiniblüten.

Patate: Das sind Kartoffeln; es gibt sie auf viele verschiedene Arten: im Ofen gebacken (»patate al forno«), in der Pfanne geröstet (»patate all'arrosto«), gekocht (»patate lesse«) und natürlich als Pommes (»patate fritte«).

Dessert = *Nachspeise*

Cenci: Das sind hauchdünne, mit Puderzucker bestreute Plätzchen (deshalb ihr Name »Cenci«, also »Lappen«) aus Blätterteig, die es vor allem in der Faschingszeit gibt. Ebenso die «Schiacciata alla fiorentina«, ein süßes Pizzabrot. Besonders lecker dazu: frische Schlagsahne!

Bongo: Ein Genuss für alle Schoko-Freunde! Hinter dem afrikanisch angehauchten Namen verbergen sich gebackene Teigbällchen, die mit Vanillesoße gefüllt und mit Schokoladensoße überzogen sind.

Cantucci: Die süßen Plätzchen mit Nüssen und Mandeln sind auch unter dem Namen »Biscotti di Prato« bekannt. Dabei handelt es sich um sehr hartes Gebäck - Achtung Zähne!

Castagnaccio: Ein Kuchen aus Kastanien, mit Pinienkernen und Rosinen.

Florenz

Restaurants

ANTICO FATTORE 
Via Lambertesca, 3; Tel. +39-055-288975
www.anticofattore.it
gute Florentiner Küche, beste Adresse für Bistecca alla Fiorentina

IL PENNELLO 
Via Dante Alighieri, 4; Tel. +39-055-294848
www.ristoranteilpennello.it
riesige Vorspeisenteller, im Sommer kann man auch im Garten sitzen

MARIONE 
Via della Spada, 27; Tel.+39-055-214756
urgemütliches Ambiente und gutes Essen - Geheim-Tipp!

IL LATINI 
Via dei Palchetti, 6; Tel. +39-055-210916
www.illatini.com
berühmtestes Restaurant in Florenz, uriges Ambiente mit Schinken, die von der Decke hängen!

ANGIOLINO 
Via Santo Spirito, 36; Tel. +39-055-2398976
»Crostini-König«!

TRATTORIA DEI QUATTRO LEONI 
Via de' Vellutini, 1; Tel. +39-055-218562
www.4leoni.it
besonders gut das Ausgebackene (»fritti«)

PALLE D'ORO 
Via Sant' Antonino, 43–45; Tel. +39-055-288383; www.trattoriapalledoro.com
traditionsreiche Trattoria, gut und preiswert (auch sehr leckere »panini« für den kleinen Hunger!)

LA MÉNAGÈRE 
Via de´ Ginori, 8; Tel. +39-055-0750600
www.lamenagere.it
tolles großzügiges Ambiente mit ausgefallenem Essen

ZÀZÀ 
Piazza Mercato Centrale, 26;
Tel. +39-055-215411; www.trattoriazaza.it
gleich beim Hauptmarkt, gute Küche

BUCA LAPI 
Via del Trebbio, 1; Tel. +39-055-213768
www.bucalapi.com; gemütliches Ambiente in einem Stadtpalast, höhere Preisklasse

Pizzerie und anderes

IL CANTINONE 
Via Santo Spirito, 6; Tel. +39-055-218898;
www.ilcantinonedifirenze.it
für den kleinen Hunger

OBICÁ 
Via de` Tomabuoni, 16; Te. +39-055-2773526
www.obica.com
modernes großes Lokal mit Tischen im Innenhof,sehr leckere Pizza

LA BUSSOLA 
via Porta Rossa , 58; Tel. +39-055-293376
www.labussolafirenze.it
Pizza aus dem Holzofen

DA GARIBARDI 
Piazza Mercato
Centrale, 38; Tel.+39- 055-212267
www.garibardi.it
leckere Pizze und Antipasti

In Florenz gibt es in der **Markthalle San Lorenzo** Leckeres für den kleinen Hunger: im Obergeschoss kann man schön sitzen und sich verschiedenstes Essen an Ständen selbst aussuchen:

MERCATO CENTRALE 
Piazza del Mercato Centrale - Via dell'Ariento, www.mercatocentrale.it
365 Tage geöffnet von 10–24 Uhr!

IL VINAINO 
Via Palazzuolo, 124; Tel. +39-055-292287;
www.ilcantinonedifirenze.it
gutes Essen für Zwischendurch

Cafés

MAIOLI 
Via Guicciardini, 43;
Tel. +39-055-214701
selbst gemachtes Süßes

CAFFÉ RIVOIRE 
Piazza della Signoria, 5;
Tel. +39-055-214412; www.rivoire.it
spezialisiert auf Schoko-Kuchen und »heiße Schokolade«, toller Blick auf die Piazza della Signoria

GUCCI CAFFÈ & RESTAURANT 
Piazza della Signoria, 10;
Tel. +39-055-75923827;
www.guccimuseo.com
zentral, aber ruhig an der Piazza della Signoria

GILLI 
Piazza della Repubblica, 39;
Tel. +39-055-213896; www.gilli.it
Kaffee mit leckeren Backwaren aus eigener Produktion

GRAN CAFFÈ SAN MARCO 
Piazza San Marco, 11; Tel. +39-055-215833
www.grancaffesanmarco.it
Café-Bar mit tollen Süßspeisen

Eisdielen

DEI NERI 
Via dei Neri, 9-11
tolles Eis!

VIVOLI 
Via Isole delle Stinche, 7; www.vivoli.it
bekannteste Eisdiele in Florenz, seit Jahrzehnten Super-Eis!

PERCHÉ NO 
Via dei Tavolini, 19;
www.percheno.firenze.it
ohne künstliche Zusätze, jeden Tag frisch gemacht, ausgefallene Eissorten

CARABÉ 
Via Ricasoli, 60; www.parcocarabe.it
Riesen-Auswahl an Eis

GROM 
Via del Campanile, 2; www.grom.it
einfach köstliches Eis

Siena

Restaurants

ANTICA TRATTORIA PAPEI 
Piazza del Mercato, 6; Tel.+39-0577-280894;
www.trattoriapapei.com
sehr gutes Essen, günstige Preise

OSTERIA CASTELVECCHIO
Via di Castelvecchio, 65;
Tel. +39-0577-47093
gute toskanische Küche, etwas abgelegen, aber der kurze Fußweg lohnt

LA TAVERNA DEL CAPITANO 
Via del Capitano, 6–8; Tel. 0577-288094;
www.latavernadelcapitanoi3mori.it
stimmungsvolle Atmosphäre in altem Palazzo

LOCANDA GARIBALDI 
Via Giovanni Duprè, 18; Tel. 0577-284204
ruhig gelegen, leckere Gerichte

Pizzerie

PIZZERIA POPPI 
Via Banchi di Sotto, 25;
Tel. +39-0577-40207;
Pizza-Imbiss

IL CAVALLINO BIANCO 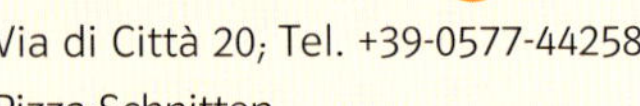
Via di Città 20; Tel. +39-0577-44258
Pizza-Schnitten

Il Pomodorino 
Via Camporegio, 13; Tel.+39-0577-286811
www.ilpomodorino.it
In der Nähe von San Domenico, abseits vom Trubel, schöne Terrasse mit bester Pizza

Cafés

CAFFÈ »CONCA D'ORO« 
Via Banchi di Sopra, 24;
Tel.+39-0577-236009
Kaffeehaus mit langjähriger Tradition, Besitzer ist die Familie »Nannini« (die von Gianna und Alessandro Nannini); leckere Sieneser Spezialitäten: Ricciarelli, Panforte, Cavallucci, Copate

PASTICCERIA IASEVOLI
Piazzale Maestri del Lavoro, 9
sehr gute »Ricciarelli«-Plätzchen, etwas außerhalb

PASTICCERIA LE CAMPANE
Via Caduti di Vicobello, 37-41;
Tel. +39-0577-282290
alle Spezialitäten Sienas, hervorragende Qualität, in der Nähe des Bahnhofs

Eisdielen

GELATERIA KOPAKABANA 
Via dei Rossi, 52;
www.gelateriakopakabana.it
Klasse-Eis!

GELATERIA GROM 
via Banchi di Sopra, 11/13
www.grom.it
Ableger aus Florenz mit köstlichem Eis

GELATERIA BIBÒ 3
Banchi di Sotto, 63
tolle Auswahl!

San Gimignano

Restaurant

ANTICA TAVERNA
Vicolo Mainardi, 10; Tel. +39-0577-943174
gutes Essen, schönes Ambiente

Cafés

LA CISTERNA
Piazza della Cisterna, 4
mitten in der Stadt

Eisdielen

GELATERIA DI PIAZZA
Piazza della Cisterna, 4
www.gelateriadondoli.com
mit vielen Preisen ausgezeichnetes Eis

Die Toskana zu Tisch – Spezialitäten der Region

Es ist ein Muss für einen Reiseführer, euch die wichtigsten und besonderen Erzeugnisse der Toskana vorzustellen. Die Toskana ist weltberühmt für ihren Wein, ihr Olivenöl und den Schafskäse, der hier Pecorino genannt wird.

Chianti – der Inbegriff italienischen Weins

Der Chianti-Wein ist der bekannteste italienische Rotwein. Dieser Wein ist benannt nach einer Landschaft, dem Chianti *(gesprochen: Kianti)*, wo er angebaut wird.

Landschaft und Wein – Was bedeutet Chianti?

Monti del Chianti – Berge des Chianti. So werden die Hügelketten zwischen Florenz und Siena bezeichnet. Diese Berge geben dem Chianti-Wein seinen Namen. Chianti heißen viele Weine, die in der Toskana angebaut werden. Doch nur der Wein, der aus den Chianti-Bergen kommt, darf die Bezeichnung Chianti Classico tragen. Diese Weine werden rund um die Orte Greve, Castellina, Radda und Castelnuovo Berardenga angebaut. Hier im Herzen der Toskana befindet ihr euch im Land des »Schwarzen Hahns«. Entlang den Straßen stehen viele Hinweisschilder auf Weingüter. Auf diesen prangt stets der »Schwarze Hahn«, auf Italienisch »gallo nero«. Er zeigt an: Hier wird Chianti Classico, der klassische Chiantiwein, produziert und verkauft.

Was ist das Besondere am Schwarzen Hahn?

Der Schwarze Hahn ist ein Gütesiegel für Chianti Classico. Das darf nur der Wein tragen, der in diesem Gebiet angebaut wird und weitere, genau bestimmte Anforderungen erfüllt. Der in anderen Regionen der Toskana produzierte Chiantiwein darf selbstverständlich den Zusatz **»classico«** nicht verwenden und darauf ist auch kein schwarzer Hahn zu sehen. Das heißt aber nicht, dass es sich um einen minderwertigen Wein handelt. Er trägt einfache andere Qualitätsbezeichnungen, wie z.B. der Chianti Putto, der in der Gegend um San Gimignano, aber auch andernorts produziert wird (»Putto« heißt Engel, ein Engel ist auch auf dem Etikett abgebildet).

Olio d'oliva – bestes Olivenöl

Bei eurem Besuch in der Toskana werdet ihr bemerken, wie stark die Landschaft von Olivenhainen geprägt ist. Für die Bauern der Toskana ist die Herstellung von Olivenöl ein wichtiger und durchaus attraktiver Wirtschaftszweig. Das Olivenöl der Toskana gilt als eines der besten der Welt. Aber aufgepasst: Olivenöl ist nicht gleich Olivenöl. Je nach Höhenlage, Boden oder Klima schmeckt es ganz verschieden, und man verwendet es auch unterschiedlich. In den Tallagen, wie in der Gegend um die Stadt Lucca, ist das Öl dickflüssig und schwer. Es schmeckt hervorragend im

Salat, ist aber zum Braten nicht geeignet. Gerne geben die Toskaner dieses Öl einfach auf eine Scheibe Brot, das mit Knoblauch eingerieben wurde, etwas Salz und Pfeffer darüber, und schon hat man eine kleine Vorspeise, die »fettunta«, die »geölte Scheibe«. - Wusstet ihr übrigens, dass das toskanische Brot nicht gesalzen ist, um den Geschmack von Schinken, Käse oder Olivenöl nicht zu übertönen?

In den gebirgigen Gegenden, wie im Chianti, ist das Öl milder, es schmeckt fruchtig-herb. Dieses Öl ist ideal zum Braten, ist aber auch auf der »fettunta« lecker. Manche Öle schmecken nach Mandeln, andere nach Pfirsich. Ihr solltet also verschiedene Öle ausprobieren, um euren ganz persönlichen Favoriten zu finden. Übrigens: Olivenöl ist ein ganz gesundes Öl. Es enthält wertvolle Stoffe.

Wie wird Olivenöl gemacht?

Die Herstellung von Olivenöl geschieht in der Toskana noch so, wie es die Menschen schon vor Jahrtausenden gemacht haben: Die reifen, grünvioletten Oliven werden von Hand vom Baum gepflückt oder mit Stangengeklopft und in Netzen aufgefangen. Um daraus Öl zu machen, werden sie in Steinmühlen zerquetscht und gemahlen, dann zwischen Matten sanft gepresst, damit sich die Flüssigkeit von der Masse trennt. Es handelt sich hier um so genanntes kalt gepresstes Olivenöl. Es wird in große Tongefäße gefüllt und gelagert. Das junge Öl ist grün und trüb. Mit der Zeit wird es ganz klar, und die Trübstoffe setzen sich unten ab. Erst jetzt wird es verwendet und vor allem verkauft. Ihr seht: eine sehr aufwändige Prozedur! Deswegen ist das toskanische Olivenöl auch relativ teuer. Qualität hat ihren Preis!

Es gibt natürlich auch günstigere Olivenöle. Die sind oft warm gepresst oder mit einer Zentrifuge geschleudert. Doch sie schmecken weniger gut, und die wertvollen Nähr- und Geschmackstoffe sind größtenteils verloren gegangen.

Pecorino – Schafskäse vom Feinsten

Schafskäse wird im Chianti, häufig und in größeren Mengen aber in der südlichen Region der Toskana, den »Crete«, produziert. In den sanften Hügeln der »Crete«, auf denen auch sehr viel Getreide angebaut wird, gehören die Schafe zum Landschaftsbild. »Creta« bedeutet Tonerde. Der Boden der »Crete« besteht aus Tonerde, daher trägt die Region diesen Namen. Bei einem Besuch auf dem Bauernhof im etwas abgelegenen, dafür wild romantischen Vergelle könnt ihr miterleben, wie der Pecorino-Käse gemacht wird. Die Familien von Angelo Coseddu und dessen Schwester Pasqualina verkaufen den Käse in ihrem kleinen Laden. In den Räumen dahinter befindet sich die Käserei. Übrigens: Die Coseddus in Vergelle vermieten auch Appartements. Sie bieten Agriturismo, Urlaub auf dem Bauernhof, an.
Die Familien besitzen an die 500 Schafe, die von Frühling bis Anfang des Winters ihr Futter auf den Weiden finden. Ein Schaf gibt

etwa ein bis eineinhalb Liter Milch pro Tag. Um einen Käselaib von rund 1 Kilo herzustellen, benötigt man etwa 5 Liter Milch. Die Milch wird nach dem Melken sogleich in den Kühlraum gebracht. Nicht jeden Tag wird Käse gemacht.

Wie wird der Pecorino-Käse hergestellt?

- **1. Schritt:** Zuerst wird – im Normalfall – die Milch pasteurisiert. Sie wird wärmebehandelt. Durch die Erhitzung der Milch auf 72°C bis 75°C für einen kurzen Zeitraum werden Keime in der Milch unschädlich gemacht. In Vergelle, wo die rohe Schafsmilch ganz wenige Keime enthält, wird die Milch meist nicht pasteurisiert. Käse direkt aus der Frischmilch schmeckt natürlich viel intensiver.
- **2. Schritt:** Die Milch wird mit dem so genannten Lab, einem Enzym aus dem Kälbermagen, angesetzt. Das Lab bewirkt, dass die Milch eindickt und gerinnt. Die Milch wird zu Quark.
- **3. Schritt:** Den Quark nennt man Käsebruch. Er wird mit einem Käsemesser, das mit seinen Drahtsaiten einer kleinen Harfe ähnelt, in kleine Stücke geschnitten. Eine grüne, klare Flüssigkeit – das ist die Molke – läuft nun heraus.
- **4. Schritt:** Der Käsebruch kommt in Käsepressen, wo er weiter zusammengepresst wird und er seine gleichmäßige Form enthält. Durch Löcher in der Presse kann die restliche Molke weiter ablaufen.
- **5. Schritt:** Wenn der Bruch trocken genug ist, wird er rundherum mit einer Salzschicht bedeckt. Diese Salzschicht macht den Käse haltbar und bildet schließlich seine Rinde. Die Lagerung beginnt.

Was ist das Geheimnis des Pecorino-Käses?

Die Qualität der Schafsmilch entscheidet über die Qualität des Käses. Die besondere Note und sein Aroma erhält der Pecorino von Vergelle durch die Weiden des bäuerlichen Anwesens. Darauf wachsen nicht nur Gras, sondern verschiedenste Kräuter, die erst der Schafsmilch und dann schließlich dem Käse den typischen Geschmack verleihen. Die Schafe von Vergelle fressen Wacholder, Pfefferkraut und viele andere würzige Kräuter.

Welcher darf es sein: Junger oder alter Käse?

Auch die Länge der Lagerung bestimmt den Geschmack. In Vergelle werden drei verschiedene Sorte Pecorino-Käse produziert. Der junge und helle Käse, der cremig frisch schmeckt, lagert nur 15-20 Tage. Der reifere und dunklere Pecorino-Käse, der kräftig schmeckt, muss mindestens 90 Tage im Regal warten, bis er verzehrt wird. Zum Schluss hat die Käserei von Vergelle noch eine ganz besondere Spezialität zu bieten: Pecorino, der mit verschiedenen Kräutern oder Trüffel, Nüssen oder auch Rucola gewürzt wird.
Die Adresse für alle neugierig gewordenen: **www.vergelle.it**

Begriffserklärungen

ANTIKE
Das Wort kommt vom lateinischen »anticus« (alt) und bezeichnet eine europäische Geschichtsepoche. Die Zeitspanne umfasst die Entstehung der griechischen Kultur und ihre Blütezeit sowie das Zeitalter des römischen Reiches. Die Antike erstreckt sich vom 2. Jahrtausend v. Chr. bis zum Ende des römischen Reiches im Jahr 476 n. Chr.

ARCHITEKTUR = Baukunst
ARCHITEKT= Baumeister

DOMINIKANER sind Mönche, die dem Dominikanerorden angehören. Ordensgründer war der Spanier Dominikus Guzman. Die Dominikaner sind ein Predigerorden. Über Predigen versuchen sie, die Menschen für das Christentum zu gewinnen. Die Dominikaner sind mit einer weißen Kutte bekleidet, über der sie häufig einen schwarzen Mantel mit Kapuze (ebenfalls weiß) tragen.

BASILIKA (in der Mehrzahl Basiliken)
Basiliken waren im antiken Rom große Gebäude, die vielerlei Zwecken dienten. Sie wurden als Markt- und Gerichtshallen oder von den Kaisern als Empfangsraum genutzt. Für die frühen großen Kirchen der Christen in Rom wie die Lateransbasilika oder Santa Maria Maggiore wurde die Form der antiken Basilika übernommen. Die christliche Basilika geht damit auf antike Bauformen zurück.

EVANGELISTEN
In der katholischen Religionsgeschichte gibt es vier Evangelisten: den heiligen Markus, den heiligen Johannes, den heiligen Matthäus und den heiligen Lukas. Diese vier Heiligen werden auch durch Tiere oder Engel dargestellt. Der Löwe steht, wie ihr wisst, für den heiligen Markus; der Stier - oder Ochse - verweist auf den heiligen Lukas; der Adler auf den heiligen Johannes; und ein Engel deutet auf den heiligen Matthäus hin. Die Evangelisten tragen ihre Bezeichnung deshalb, weil sie in den vier Büchern des »Evangeliums« vom Leben von Jesus Christus berichten. Eine »schöne, gute Geschichte« - und genau diese Bedeutung hat das Wort »euangélion« im Griechischen, von dem »Evangelium« abstammt.
Die vier Evangelisten haben die Ereignisse aus dem Leben Christi niedergeschrieben. Sie wollten damit einen Beweis für ihren festen Glauben liefern und den Menschen nachfolgender Generationen einen schriftlichen Bericht hinterlassen. Die Evangelien sind die ersten vier Bücher der insgesamt 27 Bücher des Neuen Testaments, in dem nicht nur vom Leben von Jesus Christus, sondern auch von seinem Tod und von seiner Auferstehung erzählt wird.

FRESKO
Ein Fresko (Mehrzahl »Fresken«) entsteht, indem der Künstler direkt auf die frisch verputzte, noch feuchte Wand malt. Sobald der Putz trocknet, dringt die Farbe in den Putz ein und kann sich so über Jahrhunderte halten. Allerdings muss der Maler bei einem Fresko schnell und in kleinen Abschnitten arbeiten, denn der Putz trocknet schnell und lässt dann keine Veränderungen mehr zu.

Mit »**LOGGIA**« bezeichnet man meist einen offenen Raum hinter Arkaden (Bögen).

HEILIGE

Heilige sind Menschen, die aufgrund ihrer herausragenden religiösen Tugend, oder weil sie für ihren Glauben den Märtyrertod (siehe Begriff »Märtyrer«) gestorben sind, von den katholischen Gläubigen verehrt werden. Heilig sind die Mutter Gottes – Maria, die Apostel sowie Märtyrer, wie etwa der heilige Sebastian. Die Heiligsprechung geschieht durch den Papst, das Oberhaupt der römisch-katholischen Kirche. Die Voraussetzung, dass Menschen heilig gesprochen werden, ist, dass sie bereits verstorben sind.

MOSAIK

Mosaiken werden aus zahlreichen farbigen Einzelstücken zusammengesetzt. Meist sind es Glas- oder Goldglassteinchen, die in einem Grund aus Kalk, Zement oder Gips befestigt werden. Bereits im antiken Griechenland wurden Mosaiken mit Abbildungen von Tieren oder Pflanzen hergestellt. Die Griechen haben damit die Fußböden ihrer Villen und Paläste ausgelegt. Die Römer übernahmen diese Kunstform und verfeinerten sie: Auf Mosaiken wurden nun Götter, Kaiser und Befehlshaber sowie Szenen aus dem Alltagsleben dargestellt. In den frühchristlichen Kirchen schmückte man mit Mosaiken außer den Boden auch Wände und Decken. Venedig übernahm die Mosaikkunst aus Byzanz. Goldene Kirchen-Mosaiken sollten keine einfachen Abbilder von Christus, Maria und den Heiligen, sondern goldstrahlende Erscheinungen des Göttlichen sein.

PHILOSOPHIE

Seinem griechischen Ursprung nach bedeutet »Philosophie« Weisheit oder Wissensliebe.

Philosophen sind Denker, die sich mit dem Wesen der Dinge auseinandersetzen. In Europa wurde die Philosophie im antiken Griechenland begründet. Bekannte griechische Philosophen sind Sokrates, Platon und Aristoteles.

Bei einem **RELIEF** arbeiten Künstler Figuren und Szenen in eine Hintergrundfläche aus Stein, Holz, Elfenbein und andere Materialien hinein oder aus ihr heraus. In der Antike wurden Bauwerke, wie Tempel, Triumphbögen, Sarkophage und Säulen mit Reliefs verziert. Im Mittelalter hat man damit auch Goldschmiedearbeiten, Bronzetüren oder Taufbecken geschmückt.

RELIQUIEN sind Überreste und Gegenstände von verstorbenen Heiligen (s. Begriff). Sie wurden von Gläubigen und Pilgern als Geschenke und Zeichen ihres Glaubens den Kirchen vermacht. Besonders begehrt und kostbar waren Gegenstände, die mit Christus, der Gottesmutter oder den Aposteln in Verbindung gebracht werden konnten. Von Reliquien soll eine besondere Kraft ausgehen.

RENAISSANCE

(heißt im Französischen Wiedergeburt)

Mit diesem Wort bezeichnet man allgemein einen geschichtlichen Zeitraum, besonders aber eine Kunstepoche, die sich in Italien Anfang des 15. Jahrhunderts herausbildete und sich dann in ganz Europa verbreitete.

Im Mittelalter betrachteten die Menschen alles Dasein als Schöpfung Gottes. Und Gott war Mittelpunkt des Lebens und Denkens der Menschen. In der Renaissance veränderte sich dieses »Weltbild«. Gott blieb weiterhin Mittelpunkt der Schöpfung, doch die Menschen begannen

sich für die Beschaffenheit der Schöpfung zu interessieren. Sie wollten den Menschen und die Welt kennen lernen. Wissenschaften wie Medizin und Mathematik wurden vorangetrieben. Es folgte die Zeit der großen Entdeckungen (Nord- und Südamerika).
Die Künste – allen voran Baukunst, Bildhauerei und Malerei – nahmen einen großen Aufschwung. Die antike Kunst diente hier als Vorbild. Ihre Zeugnisse wurden studiert und weiterentwickelt. Der Malerei der Renaissance ging es in der Hauptsache darum, die Dinge getreu ihrem Aussehen abzubilden. Möglich war das Aufblühen der Künste nur durch den steigenden Reichtum von Bürgern, Adeligen und kirchlichen Einrichtungen, die als Auftraggeber wirkten. Berühmte Künstler jener Zeit verdienten nicht nur viel Geld, sie waren auch in der Öffentlichkeit sehr angesehene Leute (wie Leonardo da Vinci, Raffael, Michelangelo oder der Nürnberger Albrecht Dürer usw.).
Die Renaissance endete in Italien um 1580, als sich der Barock *(s. Begriffserklärungen)* durchsetzte.

REPUBLIK

Das Wort kommt vom lateinischen »res publica« – die »öffentlichen Angelegenheiten«. Die Republik ist eine Staatsform, in der das Volk über seine Regierung bestimmt, die nur für eine bestimmte Zeit im Amt bleibt.

SÄULE

Die Säule ist ein Element der Baukunst. Sie ist rund und dient als Stütze für Decken oder Balken. Der Fuß, auf dem sie steht, heißt Basis. Der obere Abschluss wird *Kapitell* genannt.

Index

(Begriffe, Namen und Schauplätze - und auf welcher Seite ihr sie im Text findet)

Fotonachweis

Simona Sansonetti, La Studiocamera, Roma, Seiten: 13, 22, 31 r. u. l., 70, 89, 99, 124

Archivio Fotografico dell'APT di Elba/Capraia, Seite 125
Archivio Fotografico dell'APT di Firenze, Seiten: 148, 149
Archivio Fotografico dell'APT di Siena, Seite 151

Sonstige: Bernd O. Schmidt, München

Hinweis der Autoren und des Verlags:
Alle in diesem Buch enthaltenen Angaben wurden von den Autoren nach bestem Wissen erstellt und von ihnen mit größtmöglicher Sorgfalt überprüft. Gleichwohl sind, wie wir im Sinne des Produkthaftungsrechts betonen müssen, inhaltliche Fehler nicht vollständig auszuschließen. Daher erfolgen die Angaben ohne jegliche Verpflichtung oder Garantie des Verlages oder der Autoren. Diese übernehmen keinerlei Verantwortung und Haftung für etwaige Unstimmigkeiten. Wir bitten dafür um Verständnis. Korrekturhinweise werden wir gerne aufgreifen.
www.edition-kappa.com

Meine Notizen

Stazione Centrale F. S.
Santa Maria Novella
Alamanni
Via Fiume
Via dell' Ariento
Via Guelfa
Taddea
Via Bernardo Rucellai
Scala
Via degli Orti Oricellari
Via S. Antonino
Via Faenza
Borgo la Noce
Via del Canto dei Nelli
Via Palazzuolo
Prato
Via di S.Lucia
Via della Scala
Via del Giglio
Via de' Martelli
Via M. Finiguerra
Borgo Ognissanti
Via Curtatone
V. dei Banchi
Via d. Cerretani
Via Melegnano
Montebello
Via del Porcellana
Palazzuolo
Via de' Fossi
V. d. Spada
Via Brunelleschi
V. de' Pescioni
Via degli Strozzi
Via del
Lungarno Amerigo Vespucci
Ponte Amerigo Vespucci
Pescaia di S. Rosa
Brg. Ognissanti
V. d. Vigna Nuova
Via de' Sassetti
V. Pellicceria
Via Calimala
Centro
Piazza della Signoria
Fiume Arno
Via del Parione
S. Onofrio
Lungarno Corsini
Via delle Terme
Lungarno Soderini
San Frediano
San Frediano
Lungarno Guicciardini
Lung. Acciaioli
L. Archibusieri
Ple. d. Uffizi
Via di S. Spirito
Via Maffia
Via dei Serragli
S. Spirito
Borgo S. Jacopo
Ponte Vecchio
Via Agostino
Via Maggio
Via d.Guicciardini
Via dei Bardi
Costa di San Giorgio
Lungarno Torrigiani
Via della Chiesa
Via del Campuccio
Via delle Caldaie
Via Tegolaio
Via Mazzetta
Via Maggio
Borgo
Via S. Maria
Giardino Torrigiani
San Giorgio
Via Romana
Via de' Serragli
Giardino di Boboli